教育部人文社会科学研究项目

经管
文库

国际运输贸易网络特征
对制造业出口国内增加值率的
影响研究

赵立斌 万丽 ◎ 著

中国财经出版传媒集团

经济科学出版社
Economic Science Press

图书在版编目（CIP）数据

国际运输贸易网络特征对制造业出口国内增加值率的
影响研究/赵立斌，万丽著. -- 北京：经济科学出版
社，2022.8

（教育部人文社会科学研究项目经管文库）

ISBN 978 - 7 - 5218 - 3876 - 3

Ⅰ.①国… Ⅱ.①赵…②万… Ⅲ.①国际贸易 - 货
物运输 - 影响 - 制造工业 - 出口贸易 - 工业增加值 - 研究
- 中国 Ⅳ.①F426.2

中国版本图书馆 CIP 数据核字（2022）第 131334 号

责任编辑：崔新艳 梁含依
责任校对：刘 娅
责任印制：范 艳

国际运输贸易网络特征对制造业出口国内增加值率的影响研究

赵立斌 万 丽 著

经济科学出版社出版、发行 新华书店经销
社址：北京市海淀区阜成路甲 28 号 邮编：100142
经管中心电话：010 - 88191335 发行部电话：010 - 88191522
网址：www. esp. com. cn
电子邮箱：espcxy@ 126. com
天猫网店：经济科学出版社旗舰店
网址：http：//jjkxcbs. tmall. com
北京季蜂印刷有限公司印装
710×1000 16 开 11.75 印张 180000 字
2022 年 10 月第 1 版 2022 年 10 月第 1 次印刷
ISBN 978 - 7 - 5218 - 3876 - 3 定价：58.00 元
（图书出现印装问题，本社负责调换。电话：010 - 88191510）
（版权所有 侵权必究 打击盗版 举报热线：010 - 88191661
QQ：2242791300 营销中心电话：010 - 88191537
电子邮箱：dbts@ esp. com. cn）

教育部人文社会科学研究项目经管文库
出版说明

教育部人文社会科学研究项目已开展多年，一向坚持加强基础研究，强化应用研究，鼓励对策研究，支持传统学科、新兴学科和交叉学科，注重成果转化。其秉持科学、公正、高效的原则，注重扶持青年社科研究工作者和边远、民族地区高等学校有特色的社科研究，为国家经济建设和社会发展及高等教育发展贡献了一批有价值的研究成果。

经济科学出版社致力于经济管理类专业图书出版多年，于 2018 年改革开放 40 周年之际推出"国家社科基金项目成果经管文库"，于 2019 年中华人民共和国成立 70 周年之际推出"国家自然科学基金项目成果·管理科学文库"。今年是中国共产党建党 100 周年，我们将近期关注的教育部人文社会科学经济管理类研究项目整理为文库出版，既为了庆祝中国共产党建党 100 周年，又希望为我国教育科研领域经济管理研究的进步做好注脚，同时，努力实现我们尽可能全面展示我国经济、管理相关学科前沿成果的夙愿。

本文库中的图书将陆续与读者见面，欢迎教育部人文社会科学研究项目在此文库中呈现，也敬请专家学者给予支持与建议，帮助我们办好这套文库。

经济科学出版社经管编辑中心
2021 年 4 月

　　本书是教育部人文社会科学研究一般项目《价值链数字化下参与全球生产网络地域特征演变与我国制造业国际分工地位提升研究》（项目编号：20YJC790185）、河北省社会科学发展研究重点课题《全球价值链数字化下世界级先进制造业集群演进及其对雄安的启示研究》（项目编号：20210101019）和河北省高等学校人文社会科学研究青年拔尖人才项目《数字技术创新对全球价值链贸易隐含碳排放的影响研究》（项目编号：BJS2022019）的阶段性研究成果。

前言

随着生产和贸易全球化的不断推进，各国积极参与国际产品内分工，中间品逐渐替代最终产品成为国际贸易主流。改革开放以来，中国制造业出口凭借低劳动力成本等优势发展迅速。然而近年来，中国制造业的发展动力明显不足，一方面，在全球价值链分工体系中，中国依然处于价值链低端；另一方面，逆全球化思潮的兴起，使中国的低成本优势逐渐丧失。随着制造业服务化程度日益提高，运输服务贯穿企业各生产环节，可通过降本增效、促进价值创新等途径促进出口国内增加值率提升，进而提升制造业竞争优势。基于此，研究国际运输贸易网络特征对制造业出口国内增加值率的影响，对于改善我国制造业当前发展的困境具有重要的理论和现实意义。

为了研究国际运输贸易网络特征对制造业出口国内增加值率的影响，本书首先采用社会网络分析法探讨国际运输贸易网络中各国的中心性特征以及制造业出口国内增加值率的变化趋势；其次，分析国际运输贸易网络中心性特征可通过正向和逆向技术溢出对制造业出口国内增加值率产生影响的作用机制，并提出假设；再次，建立以制造业出口国内增加值率为因变量、以总运输贸易网络特征中的点入度和点出度为核心解释变量的面板数据模型，并对其进行计量检验；最后，提出通过提高国际运输贸易网络中心性特征提升制造业出口国内增加值率的政策建议。

本书主要得出以下结论。一是国际运输贸易网络的"核心－边缘"特征明显，核心国家和边缘国家在数量分布上具有稳定态势，全球运输贸易网络密度稳步上升，子群划分具有明显的区域性。二是全球制造业总体出口国内增加值率呈下降态势，资本和劳动密集型行业出口国内增加值率下降趋势明显。美国制造业出口国内增加值率保持领先地位，中国制造业出口国内增加值率不断提高，日本制造业出口国内增加值率呈先降后升的趋势，德国制造业出口国内增加值率显著下降。三是国际运输贸易网络的点入度和点出度特征对制造业总体及分行业出口国内增加值率提升产生了显著的正向影响，且对技术密集型行业出口国内增加值率的影响最大；点入度和点出度对制造业全球价值链出口国内增加值率均呈显著正向影响，对复杂价值链出口国内增加值率的影响最大。

本专著撰写过程中，研究生张梦雪、肖瑶、阎瑞雪、曹梓琳、丁毅、张荷苑、谢璐羽、李铭辉、朱国英、周寿玉也做了大量实质性工作，特别是在第三章数据整理、图表绘制、内容撰写、格式修改等工作中，她们付出了大量的心血。

目　　录

第一章

绪　　论

研究背景和意义

一、研究背景

随着生产和贸易全球化的不断推进，各国积极参与国际产品内分工，国际生产分散化得到了快速发展，中间品逐渐替代最终产品成为国际贸易主流。改革开放以来，中国制造业出口凭借劳动力成本低、优惠的政策支持等优势发展迅速。然而近年来，中国制造业的发展进入瓶颈期，出口增长受到了一定程度的制约，一方面，在全球价值链（global value chain，GVC）分工体系中，中国依然处于全球价值链中后端，虽然出口规模庞大，但是并未取得实质性改进，进入长期出口低附加值的发展困境；另一方面，逆全球化思潮的兴起，使中国的低成本优势逐渐丧失，企业传统的发展模式无法为中国制造业出口国内增加值创造更大的发展空间。随着制造业服务化程度日益提高，运输服务贯穿企业各生产环节，为制造业全球价值链各环节的顺利运转提供了不竭动力，成为当前新形势下制造业竞争优势的重要来源。运输服务业可以通过降本增效、促进价值创新等途径促进制造业竞争优势的强化与出口国内增加值率的提升。基于此，研究国际运输贸易网络特征对制造业出口国内增加值率的影响，对于改善我国制造业当前发展的困境具有重要的理论和现实意义。

二、研究意义

（一）理论意义

以往对于生产服务贸易网络特征对制造业出口国内增加值率影响的相关研究比较少，具体到国际物流贸易网络特征对制造业出口国内增加值率影响的研究更少，故本书以国际物流服务贸易网络特征对制造业出口国内增加值率的影响为研究对象，首次尝试将二者纳入统一分析框架，为今后国内学者研究物流服务贸易网络特征与制造业出口国内增加值率提升提供一定的理论基础和借鉴。

（二）现实意义

在当前经济发展新形势下，我国全面推进"一带一路"倡议以及《中国制造2025》战略。随着制造业服务化程度日益提高，运输服务贯穿企业各生产环节，为制造业的发展注入不竭动力，推动我国的产业结构不断完善。本书通过研究国际运输贸易网络特征，提出通过促进物流运输业的发展，提升制造业及分行业出口国内增加值率的对策建议，对实现国内制造业的转型升级、推动我国制造业全球价值链地位攀升具有较强的实践价值。

第二节
国内外文献综述

一、国际运输贸易网络特征的相关研究

目前，国内外关于国际运输贸易网络特征研究的文献极少，本部分将从

国际贸易网络特征与国际物流网络两个方面进行综述。

（一）对国际贸易网络特征的研究

国际贸易网络特征是由不同国家通过贸易合作形成的具有一定特征的网络，可以体现各国在贸易合作中的发展现状和趋势。本尼迪克和塔约利（Benedictis and Tajoli，2008）便是用构建网络的方法展开对国际贸易的分析，研究认为只有个别国家和地区完成了贸易一体化，其中WTO在贸易一体化中起到了十分重要的作用，且各国在贸易伙伴的选择问题上存在差异性。法焦洛等（Fagiolo et al.，2009）在其研究基础上又进一步阐述了权重贸易网络的演化，研究发现全球一半以上的经济体都是弱贸易联系，唯有少数经济体具有强贸易联系的特征，即在网络中存在"核心－边缘"的特征，此外，贸易网络的格局常年保持稳定。还有众多国内学者也对权重贸易网络进行研究，例如刘全宝等（2007）从多个视角阐述权重国际贸易网络的优点，他们认为权重角度比其他角度能体现更多的网络结构特征。刘建（2013）对国际原油贸易网络的演化格局进行趋势分析，通过社会网络分析法对整体网络密度进行计算，认为国际原油贸易网络不够紧密，原因是原油受经济形势、市场价格等因素的影响较显著。邬佩琳（2014）也进行了类似研究，她选择国际稀土贸易1990～2012年的数据，得出国际稀土贸易的网络不够紧密，另外，中国、美国、俄罗斯是国际稀土贸易重要的出口国。张春博等（2015）基于2002～2012年航空航天产品双边贸易数据对全球50个经济体进行分析，认为全球贸易网络联系更加紧密，美国、法国、德国等虽处于网络的核心位置，但核心地位在逐渐下降，以中国为代表的新兴国家逐渐向贸易网络中的核心位置靠拢。邹嘉龄和刘卫东（2015）以"一带一路"沿线国家为研究主体，以国家间的贸易额为研究对象，研究得出网络密度有增大趋势，说明主体间联系愈加紧密，另外中国不断向网络核心位置靠拢，于2013年成为该贸易网络中最核心的国家。种照辉等（2017）引入了QAP分析法，通过实证检验得出地理距离和国家间文化差异等因素均会对贸易网络产生显著影响。孙爱军（2019）基于社会网络分析法，选用2000～2016年的进出口贸易数据，对G20国家间的贸易网络进行了深度解析，研究表明中国、俄罗斯、日本等国家在国际贸易网络的中心度较高，且接近中心度对进出口贸易有正向促进作用。

通过梳理国内外关于国际贸易网络特征的相关文献可知目前关于社会网络分析法应用于国际产品贸易以及国家间贸易格局上的研究已经非常成熟，基于社会网络分析的"核心 - 边缘"结构分析、中心性分析、网络密度分析等都为本书的研究提供了宝贵的经验。

（二）对国际物流网络的相关研究

国内外对"物流网络"一词的界定持不同看法。例如，王之泰（2005）认为物流网络是通过节点及节点之间的线路形成的关系；邱（Chiou，2008）认为物流网络的侧重点应该是物流，可认为是生产商、供应商和仓库等的组合；鞠颂东等（2007）认为物流网络可从宏观角度理解，如覆盖范围、作用和运行方式等角度；阮氏燕（Nguyen Thi Yen，2019）则认为无论从哪个视角定义物流网络都不矛盾，研究物流网络能够有效降低物流成本、节约运输时间、提高物流服务效率。

国内外学者在研究国际物流网络的基础上，还将其细分为陆运物流网络、海运物流网络、空运物流网络。

关于陆运物流网络。悉达多（Siddhartha，2002）构建了网络路径模型，分析了多种基于城市路径的最优方法，可以通过多元化的组合实现城市陆地运输效用最大化；萨勒曼（Ayed Salman，2002）致力于研讨成本最小化的最优模型，但仅解释了构建网络使用的理论以及选择模型的依据，没有进行定量研究，因此不具备较大实用性；彼得·尼杰坎普（Peter Nijkamp，2004）认为，虽然城市交通道路网密集且复杂，但是可以综合交通网，选取合适的模式计算出两点之间的最短距离和最优路径；钟英杰和迈克尔（Zhong Yingjie and Michael，2005）将时间和效率纳入模型进行稳定性分析，认为通过综合城市交通网改变时间参数，就可以找到最佳路径，提高运输效率，节省运输时间；叶燕程等（2014）认为现阶段中欧班列市场运营仍具有不稳定现象，其影响因素有很多，主要是班次不稳定和货物不集中造成了资源浪费，可以基于物流网络构建模型，改善中欧班列运输现状；王东方等（2018）以物流发展水平为切入点进行研究，测量了中欧重点枢纽城市的物流发展水平，还计算了整体网络密度和中心性等指标；文思涵（2019）详细论述了中欧班列国际物流运输网络优化基础，构建了中欧班列辐射式国际物流网络体系，提出从运输模式改革、运输资源整合、流程优化等方面进行改革。

关于海运物流网络。安吉莉卡和乔丹尼（Angelica and Giovanni，2001）认为集装箱物流运输具有良好的发展前景，但当下存在众多影响其发展的因素，提出可以通过构建专门针对集装箱物流运输的网络模型来完善集装箱物流发展体系；基戈米等（Kei Gomi et al.，2010）在此基础上研究了欧洲地区海运和其他运输方式，对比分析并总结了相应的发展特点，制定了相对应的运输路线，确定了开发组合模型；国内学者郭晓燕（2017）对中欧集装箱多式联运通道的发展现状及网络特征进行分析，提出其存在的问题，然后将运输时间和成本纳入模型指标，就如何优化中欧运输路线提出了相应对策；董千里等（2016）则从理论层面完善了海运物流运输的理论基础，选取物流运输时间、空间和相关经济绩效指标纳入模型分析对比，为今后学者的研究奠定了理论和实证基础。国内学者郑强（2017）的研究方法具有创新性，采用混合整数规划这一数学方法，以运输成本最低化为目标建立模型，同时使用MATLAB软件进行计算，优化运输航线路径，并且以东盟主要港口与厦门港之间的海运航线网络为例，验证了该模型具有较大可行性。

关于空运物流网络。邦特康等（Bontekoning et al.，2004）分析了航空运输对运输成本和效率的需求，并列举了乌克兰地区的运输方式，阐述了乌克兰多式联运的发展历程，认为多式联运方式可以有效突出物流网络的特点，提出多种交通方式的整合以及关于交通路线的最优选择问题。

目前，智慧物流成为现代物流发展趋势，创新物流发展方式需要利用现代科技提高物流智能化水平。孙刚（2020）提出多式联运网络需要智慧物流来构建，物流智慧化网络平台的优点主要是可以实现全程物流可视化监管，同时随着智能仓储的推进，可以提升效率和管控能力；吴雯宇（2020）研究了智慧物流背景下国内重要枢纽城市物流服务能力的影响因素，认为城市的主体特征及交通能力等均会影响物流服务能力的建设；芮宝娟（2021）认为智慧物流的发展是创新物流业发展的重要驱动力，可以创新思维，也可以创新技术、组织管理及流程，同时也提出了智慧物流发展的创新路径，以促进高效化、智能化发展格局的形成。

国内外关于国际物流网络的相关文献给予了本书一定的参考和借鉴。但是已有研究只是基于社会网络分析法分析了陆地运输的中心性特征，未与总运输及其他运输的中心性进行比较，而且也未对全球多个国家的特征进行对比分析。本书在此基础上，研究了总运输贸易网络以及分项运输贸易网络之间的中心性特征，并基于多国中心度数据对当前国际运输贸易网络格局进行分析。除此之外，关于智慧物流的研究以及促进制造业智能化、高效化、数字化的发展格局对本书政策建议的提出也具有较大意义。

二、关于出口国内增加值率的相关研究

当前，学界关于出口国内增加值率的相关研究主要集中于出口国内增加值率的核算、中国出口国内增加值率核算及其影响因素两方面。

（一）关于出口国内增加值率核算的相关研究

1. 基于传统总值数据

最初衡量参与国际生产网络与国际分割时，学者们主要采用传统产出与总值贸易数据，求一国参与国际生产网络的垂直专业化程度。比如范子杰（2017）用某国跨国公司海外分公司或子公司的产出在跨国公司总产出中的占比进行衡量。有的学者采用 FH 指数及其扩展指数，通过计算中间品进口在总投入、总产出以及总进口中的占比来衡量国际生产分割（Feenstra and Hanson，1996，1999；Egger，2003；Chen et al.，2005）。当时因缺乏基于世界投入产出表的增加值数据，这些基于传统贸易的指标应用较为流行，但由于假定所有进口中间品的增加值都来源于国外，忽略了一国进口中间产品通过加工再以中间产品或最终产品形式出口的全球生产网络迂回生产特征，难以准确衡量一国参与国际生产网络的国际分割特征，故这些指标在近年来有关国际生产网络地域特征的相关研究中已经很少出现。

此外，基于微观企业层面的中间品贸易数据，通过计算某国出口的国内增加值率（Upward et al.，2013；Kee et al.，2013；Ju and Yu，2015；Kee and Tang，2016）来反向衡量本国参与国际生产网络的国际分割特征的方法在近年来逐渐流行起来。因为细化到异质性企业层面的中间品贸易数据不但可

以直接测度每个企业的中间投入进口比例，还可比较异质性企业参与国际分割的差异性，提升研究国际分割的精度与深度。但基于微观企业层面数据的可获得性，只能求得国际分割程度，难以把国外分割细化到区域内与区域外，故通过对微观企业数据的加总与宏观投入产出表数据的融合的方法，将成为未来关于参与国际生产网络特征研究方法的发展趋势。

2. 基于投入产出表的增加值数据

（1）单国（区域）投入产出。胡梅尔斯等（Hummels et al.，2001）最先基于单国（区域）投入产出表数据，通过计算进口投入在出口商品中占比的垂直专业化指标来衡量参与国际生产网络的程度。然而，由于其不仅假定进口中增加值全部源于国外，容易高估国际分割程度，也忽略了一国加工贸易特征；而假定进口投入品在生产用于国内消费的最终产品与用于出口的产品中的投入比例相同，又会造成对国际分割程度的低估。之后，学者库普曼等（Koopman et al.，2008）和迪恩等（Dean et al.，2011）在区分加工贸易与一般贸易的基础上，选用国内增加值率指标对参与国际生产网络程度进行了测度。此外，安特拉斯和斯泰格（Antràs and Staiger，2012）与法利（Fally，2012）在鉴定生产阶段数的基础上，将从产品部门生产到最终需求的距离定义为上游度指数，并测算了不同国家的国际生产分割程度。然而，由于单国投入产出表的数据忽略了第三方国家的间接贸易增加值，难以体现不同国家之间的投入产出关联与生产网络中的迂回生产特征，只能在一定程度上体现一国参与国际生产网络的国际分割程度，未能深入刻画参与国际生产网络的区域内外特征及出口国内增加值率。

（2）多国投入产出。由于不同假设的局限以及单国投入产出表的缺陷，学者们纷纷引入里昂惕夫矩阵，在多国投入产出数据分析的基础上，对出口贸易流增加值进行分解。多丹等（Daudin et al.，2009）在 HIY 法的基础上完善了核算框架，库普曼等（2010）提出了 KPWW 法，将总出口分解为国内增加值和国外增加值。约翰逊和诺盖拉（Johnson and Noguera，2012）基于加工贸易的最终产品分解，把一国的产出分解为中间投入与被另一国最终消费两部分，用 1 与中间投入率的差值表示国内增加值率，并用总产出或总出口乘以增加值率来计算增加值出口，即该国生产的蕴含于最终产品的增加值被进口国消费的部分，并用增加值出口率指数代替垂直专业化指数，更加真实地反映一国参与国际生产网络的程度。但由于忽略了国内生产分割，即一国某一部门依附于其他部门间接出口的成分，故难以准确衡量部门层面的国际生产分割水平。[①] 之后，库普曼等（2014）基于总出口的增加值分解，把胡梅尔斯（2001）垂直专业化指数以及约翰逊和诺盖拉（2012）的增加值出口率指数综合在统一的分析框架下，将总出口分解为九个部分，并最终归结为增加值出口、返回的国内增加值、国外增加值及重复计算部分，规避了进口中间品增加值都来源于国外的假设的弊端，但由于只局限于国家层面，也难以衡量部门层面的国际生产分割。

而王直等把出口分解拓展到部门层面，并根据增加值的来源和去向的不同将其分解为16项，并最终归结为国内增加值、出口返回的国内增加值、国外增加值以及重复统计四部分，可准确衡量部门层面的国际分割。另外，在迪岑巴赫等（Dietzenbacher et al.，2005）提出平均传递步长 APL（Average Propagation Length），猪俣（Inomata，2008）、埃斯凯斯和猪俣（Escaith and Inomata，2013）基于国家间投入产出模型衡量不同产业 APL 以及倪红福（2016）基于全球投入产出模型，从增加值传递的角度定义广义平均传递步长的基础上，区分了国内生产阶段数与国外生产阶段数，从而可以在部门层面衡量一国参与国际生产网络的国内分割与国外分割程度，但仍没有把国际分割细化到区域内外层面。之后，王直等（2017）将平均生产长度定义为增加值被计算为总产出的次数，并把生产长度分为纯国内、传统贸易、简单价值链与复杂价值链四部分，但也未能把生产长度区分为国内、区域内与区域外，而且不论是平均传递步长、生产阶段数还是生产长度，都只能从数量上反映生产工序分解的程度，体现不出各工序的增加值创造效率。

而增加值出口率指标可进一步分解为生产阶段数与各阶段增加值创造效率的乘积，未来对该指标的应用可能会越来越多，故有必要对其进一步讨论。由于在求增加值出口率时，涉及向上下游或前后向分解的方法与框架，王直

---

① Wang Z, Wei S J, Zhu K. Quantifying international production sharing at the bilateral and sector levels [R]. National Bureau of Economic Research，2013.

等（2015）对基于前后向联系的增加值出口率指数进行比较但未能把二者有效区分开，而范子杰（2017）则较好地区分了前后向联系分解的差异，认为基于本国某部门出口增加值的前向分解是向下游追踪本国该部门出口增加值的流向，包括内涵在其他部门出口的本部门增加值间接出口；而后向分解则是统计本部门出口增加值来源，包括内涵在本部门出口的其他部门增加值间接出口，故前后向分解的差额就是经其他部门出口的源于本部门的增加值与经本部门出口的源于其他部门增加值的差额。可见，前向联系向下游分解既包括本部门直接向吸收国出口，也包括内涵于其他部门的间接出口，因此只用本部门出口数据求增加值出口率的反向指标就得出国际分割水平的方法不能有效分离国内分割，因而也不能真实反映国际分割水平；而基于本国某部门出口增加值的后向分解是向上游追踪本部门创造的以及其他部门创造的内涵于本部门出口的增加值及国外增加值，分离了国内分割与国外分割，可充分体现国际分割，故学者们在基于下游延伸（前向联系）的最终产品分解的基础上，又基于上游延伸（后向联系）分解追溯了中间品依附于不同部门出口的增加值流向，认为基于后向联系的增加值分解可准确衡量部门出口国内增加值能力与国际分割水平（Johnson and Noguera，2012；黎峰，2015），但基于后向联系分解获得的增加值指标反映的是被首次出口流向国直接吸收的增加值与经过第三国间接出口中被首次出口流向国吸收的增加值之和在向首次出口流向国直接出口中的占比，故只适用于两国两部门或多部门，而在涉及第三国的多国两部门或多部门情境下衡量国内增加值率时可能出现一定的偏误。因此，其又基于后向联系分解进行进一步处理，重新构建了只统计在一国对首次出口流向国直接出口总量中的被所有国家（不含本国，包括首次出口流向国与经首次出口流向国再出口的第三国）吸收的增加值占比，即出口国内增加值率指标，并通过进一步测算反向反映了垂直专业化与国际分割程度、区域内与区域外国际分割水平及驱动其变化的动力机制。

王直等（2018）提出了双边部门层面总贸易流完整的核算框架，能够追踪总出口中被国外吸收的国外成分、国内成分、返回的国内成分以及重复计算的部分。后期，亚洲开发银行（ADB）在利用世界投入产出数据库、OECD

投入产出表的基础上，增加了国家和区域，并借鉴王直等（2018）提出的方法进行增加值分解。张中元（2019）利用上述亚洲开发银行的分解数据，采用垂直专业化率和垂直专业化程度指标来衡量出口经济体在全球价值链中的参与度。

近年来，越来越多的学者用国内增加值率衡量一国在全球价值链中的地位（许和连等，2017；诸竹君等，2018；魏悦羚和张洪胜，2019；李小帆和马弘，2019；马丹等，2019；高翔等，2019），同时也有学者用国内增加值率的反向指标衡量参与国际分割水平或参与全球价值链的程度，同样也用向区域内出口的国内增加值率的反向指标衡量一国参与国际分割的区域化特征，用向区域外国家出口中的国内增加值率反向指标衡量参与国际分割的全球化特征（高敬峰和王庭东，2017；葛阳琴和谢建国，2017）。

用国内增加值率的反向指标衡量参与国际分割水平，虽然对资源型国家国内增加值率高、国际分割水平低的现实有较好的效果，但是该指标在发达国家技术密集型产业国际分割水平较高且国内增加值率也很高的现实面前就相形见绌了，国内增加值率指标的弊端逐渐显现，甚至出现了要提高全球价值链地位（国内增加值率）就要降低参与国际分割水平或参与全球价值链程度的矛盾。原因在于用国内增加值率反向指标求国际分割水平时更多地强调了生产阶段数与参与度，忽略了导致增加值率变化的价值链分工地位，即各价值链环节的增加值创造效率与能力，只注重从量上反映某部门垂直专业化生产与参与全球价值链的程度，忽略从质上反映一国某部门增加值创造能力与价值链地位，甚至为获得国际分割水平的不断提升牺牲增加值创造效率，为政策制定者提供了两难选择。因此，需要对出口国内增加值率指标进行进一步分解，即生产阶段数与各阶段增加值创造效率的乘积。同样，对一国参与国际生产网络地域特征的准确衡量，既要从量上反映区域内外参与生产阶段的数量，又要反映区域内外从事工序环节的增加值创造能力，这也依赖于对原来提出的向区域内外出口的国内增加值率指标进行进一步分解，才能得到区域内外参与生产阶段数（价值链参与度）与各阶段价值创造能力（价值链分工地位）对参与国际生产网络地域特征的贡献。

随着不同增加值核算方法的出现，人们对衡量这一现象的正确性产生了怀疑。如王直等（2013）虽然把库普曼等（2014）的出口总值分解从国家层面逐渐拓展到部门双边层面，但二者都存在同时使用基于前向联系与后向联系分解方法的内部不一致性，导致对增加值结构的不准确评估。可喜的是王直等（2018）已意识到这一局限性，并对以前的分解方法予以修正。纳根加斯特和斯特雷尔（Nagengast and Stehear，2016）虽然首次分别引入基于增加值来源和最终需求的分解方法，但因其侧重于对双边生产和吸收的增加值成分的区分，两种方法都没有成功地将一国出口的全部国内和国外附加值区分开；而博林和曼西尼（Borin and Mancini，2019）在很大程度上解决了上述问题，他们基于增加值分解的正确框架可为本书研究提供参考。

此外，基于微观层面的研究主要考虑企业的异质性以弥补用宏观投入产出法测算的出口产品国内增加值率的不足。奥博尔德等（Upward et al.，2013）通过合并中国工业企业数据库和海关贸易数据库，首次计算了企业层面的出口国内增加值率。张杰等（2013）在测算企业出口国内增加率时考虑了贸易代理和资本货物的贬值。此外，一些关于出口国内增加值率测算的研究文献既考虑了微观因素，也考虑了宏观因素。基和唐（Kee and Tang，2016）在估算企业出口国内增加值率的国外部分时，使用了宏观层面的投入产出数据，在一定程度上反映了宏观因素和微观因素的综合。

（二）关于中国出口国内增加值率核算及其影响因素的相关研究

随着出口国内增加值率测算方式的演变，现在对于中国出口国内增加值的研究大多集中于对已有核算方法的运用上。李昕（2012）运用KPWW法对比了我国进出口总额和贸易顺差的统计差异并进行了定量分析。童伟伟和张建民（2013）在KPWW法的基础上，运用投入产出表研究了双边贸易条件下中国出口产品的国内增加值，并对中、低以及高技术含量进行了划分，认为我国参与国际分工仍以劳动密集型产品为主。廖涵和谢靖（2016）运用HIY法，对我国制造业出口增加值进行了测算，发现我国制造业劳动、资本以及技术密集型部门具有比较优势，原有的劣势减小。马述忠和张洪胜（2017）运用基和唐（2016）提出的核算加工贸易企业出口国内增加值简易框架，研究了中国企业层面的出口国内增加值及其变化原因。

当今学界还从行业层面和企业层面对中国出口增加值率的影响因素进行研究。在行业层面，江希和刘似臣（2014）以中美贸易为例，指出长期内垂直专业化程度对中国出口增加值的影响程度最大。刘海云和毛海欧（2016）指出中国制造业的水平和垂直 OFDI 都有利于出口增加值的提高。在企业层面，樊秀峰和程文先（2015）、唐宜红和张鹏杨（2017）、许和连等（2017）、李胜旗和毛其淋（2017）、邵显琛等（2017）、彭冬冬和杜运苏（2016）以及师少华（2017）主要讨论了制造业投入服务化、上游垄断、外商直接投资、汇率、融资约束、目的地国家、贸易自由化等与企业出口国内增加值率之间的关系。

综上，出口国内增加值率的测算方法经历了几个重要的演变阶段，未来采用微观与宏观数据结合的方法衡量出口国内增加值率将成为趋势。

由于本书研究对象为国际运输贸易网络特征对制造业出口国内增加值率的影响，因此在考量了主要的不同测度方法后，决定选用宏观研究方式进行测算，主要原因是本书运用的是国家和行业层面的数据而非微观企业层面数据，具体借鉴王直等（2018）与博林和曼西尼（2019）的方法，因为其方法相比于其他方法更加直观可靠，消除了国家总量和部分细分行业之间不一致性的问题，减少了单个部门（国家）出口国内增加值可能蕴含在其他部门（国家）的可能性，更利于本书研究国际运输贸易网络特征对于国家制造业总体以及不同分行业出口国内增加值率的影响。

三、国际物流贸易网络特征对制造业出口国内增加值率的影响研究

目前，国内外关于物流贸易网络特征对制造业出口国内增加值率影响的研究极少，而物流贸易属于生产性服务贸易，因此本部分重点梳理生产性服务贸易网络特征对制造业出口国内增加值率影响的相关研究。

就国外研究而言，范德迈尔和拉达（Vandermerwe and Rada, 1988）通过

简易的图形分析，认为制造业的增加值与生产性服务业在制造业中所占份额的大小具有同方向变动的趋势。约翰逊和诺盖拉（Johnson and Noguera，2012）则在此基础上实证证明了提升生产性服务业水平可以促进制造业全球价值链地位的提高。库普曼等（Koopman et al.，2014）认为当一国生产性服务贸易增加时，会使生产要素发生变化，并通过进口竞争效应和规模经济等效应提高本国制造业生产技术，进而提高产品附加价值，最终推动制造业升级和全球价值链分工地位提升。

国内的相关研究较为成熟，顾国达等（2010）基于投入产出法，研究得出中国大部分服务行业发展水平还不够高，全球价值链国际分工的水平较低。发达国家在国际分工中获得大部分收益，由于技术领先和资本雄厚，向发展中国家出口技术水平较高的生产服务，而发展中国家主要加工生产低技术的产品，但是中国的全球价值链地位会越来越高。郑休休和赵忠秀（2018）结合协调度模型的相关原理、Logistic 成长曲线与格兰杰因果检验，得出我国制造业的发展能够促进生产性服务发展，刘洪槐等（2015）的研究结果表明生产性服务业与制造业之间是相互依赖、共同发展的互补关系。张宏等（2015）认为随着生产性服务业规模的扩大和产业信息化程度的提高，制造业的生产效率也会得到显著提高，因此生产性服务业的发展对制造业增加值率有正向影响。刘斌等（2016）也进行了类似研究，使用投入产出表数据验证了随着制造业投入服务化的提高，全球价值链地位会逐渐攀升。陈丽娴（2017）采用社会网络分析法探讨全球生产性服务贸易网络特征对全球价值链的影响，研究得出全球生产性服务贸易网络密度增大，国家间联系更加紧密，网络的中心性特征和联系强度对全球价值链位置指数和参与度都具有正向影响。袁明慧（2018）重点研究生产性服务业对于中国制造业价值链地位的影响，同样认为生产性服务业的发展对制造业价值链地位的攀升具有促进作用，但是不同分项服务对其影响又具有明显的异质性，技术密集型和知识密集型服务对制造业价值链攀升的影响较大，而邮政业等低技术服务对价值链攀升的作用较小。张红霞和王悦（2019）通过对全球价值链影响因素的研究，得出人力资本、技术水平、全球价值链参与程度等都对全球价值链分工地位存在显著的正向影响，而关税壁垒等因素对全球价值链分工地位存在显著的负向影响。许欣等（2020）基于社会网络分析法，对全球生产性服务贸易进行了整体格局分析，认为地理距离因素对全球生产性服务贸易影响最大。王玲等（2021）基于全球价值链的视角，采用 WWZ 分解法研究我国运输贸易的网络地位，认为现阶段我国已向贸易网络核心位置靠近，但与发达国家相比仍有一定差距，应加快物流运输业的发展，尤其是补齐航空运输的短板，打造交通强国。

通过对以上相关文献的梳理可知，国内外研究分别在国际物流贸易网络、出口国内增加值率等方面取得了一定成果，可以为本书的研究提供一定的理论基础和借鉴。但是目前大多数文献都集中于生产性服务贸易网络特征对全球价值链分工地位的影响，对于生产性服务贸易网络特征对制造业出口国内增加值率影响的相关研究比较少，具体到国际运输贸易网络特征对制造业出口国内增加值率的研究就更少了。本书以国际运输贸易网络特征对制造业出口国内增加值率的影响为研究对象，采用社会网络分析法研究点入度和点出度等国际运输贸易网络特征对全球 62 个国家制造业总体及分行业出口国内增加值率的影响显得尤为重要。

第三节
研 究 内 容

本书基于全球经济一体化和国际生产分散化下物流服务与制造业融合发展及我国制造业亟待高质量发展的背景，研究国际运输贸易网络特征对制造业出口国内增加值率提升的影响。首先就二者的发展现状进行梳理，采用社会网络分析法探讨国际运输贸易网络中各国的中心性特征，并从全球总体层面和国家层面分析制造业出口国内增加值率的变化趋势；其次分别从成本节约、效率提升和价值创新三个方面分析国际运输贸易网络中心性特征通过正向和逆向技术溢出对制造业出口国内增加值率产生影响的作用机制；然后建立以制造业出口国内增加值率为因变量，以总运输贸易网络特征中的点入度和点出度为核心解释变量的面板数据模型，就点出度和点入度对制造业总体及分行业出口国内增加值率的影响及各分样本异质性进行计量检验；最后，在上述研究基础上提出通过提高国际运输贸易网络中心性特征提升制造业出口国内增加值率的政策建议。

第一章绪论。阐述研究的背景、意义、研究方法与创新点，并将国际运输贸易网络特征对制造业出口国内增加值率提升产生影响的相关文献进行了整理。

第二章国际运输贸易网络特征的现状分析。采用社会网络分析法探讨国际运输贸易网络中各国的中心性特征，主要从点度中心度、接近中心度、中介中心度等方面进行分析。

第三章全球及主要国家参与全球价值链发展趋势。采用生产长度、参与度与价值链位置指数等全球价值链相关指标，对全球及主要国家参与全球价值链发展趋势进行分析。

第四章制造业参与全球价值链中出口国内增加值率的现状分析。先论述了出口国内增加值率的测算方法，然后从全球层面和国家层面分析出口国内增加值率的变化趋势。

第五章国际运输贸易网络特征对制造业出口国内增加值率影响的机理分析。分别从成本节约、效率提升和价值创新三个方面分析国际运输贸易网络中心性特征通过正向和逆向技术溢出对制造业出口国内增加值率产生影响的作用机制。

第六章国际运输贸易网络特征对制造业出口国内增加值率影响的实证分析。分别以国际运输服务贸易网络特征的点出度与点入度为核心解释变量，以制造业总体及分行业出口国内增加值率为被解释变量建立计量模型，进行实证检验。

第七章研究结论与对策建议。对本书总体研究结果进行概述，提出通过提高国际运输贸易网络中心性特征，提升制造业出口国内增加值率的政策建议。

第四节
研究方法与创新点

一、研究方法

（一）社会网络分析法

本书采用社会网络分析法得出国际运输贸易网络的整体网络密度、凝聚子群以及中心性特征，并通过可视化方式呈现网络拓扑结构图，对国际运输贸易出口网和进口网的核心国家进行直观对比，为后文的研究作铺垫。

（二）比较研究法

本书将总运输贸易网络特征的中心性与各分项运输贸易网络特征的中心性数据进行比较研究，同时对制造业总体出口国内增加值率、各分行业出口国内增加值率以及各行业的各分项增加值率进行比较分析。

（三）实证分析法

将相关变量数据导入 Stata 软件，将多种实证分析法结合，得到拟合度较好的模型以及准确的回归结果，使文章更加具有说服力，增强研究的可信度与严密性。

二、创新点

本书研究了国际运输贸易网络特征对制造业出口国内增加值率的影响，梳理了国际运输贸易网络特征与制造业出口国内增加值率发展的最新趋势，分析了国际运输贸易网络特征对制造业出口国内增加值率提升的作用机制，并对国际运输贸易网络特征对制造业出口国内增加值率提升的影响及分样本的异质性影响进行了实证检验，丰富了国际运输贸易网络特征与制造业出口国内增加值率的理论与实证研究。

对于出口国内增加值率的测算，本书使用 ADB-MRIO 数据库 2007～2019年的相关数据，创新性地把各国制造业出口国内增加值率的数据集聚到技术、资本、劳动力密集型行业、制造业总体与全球层面，并细分为传统贸易出口国内增加值率、简单价值链出口国内增加值率、复杂价值链出口国内增加值率、全球价值链出口国内增加值率以及国外增加值率，对全球及各国制造业出口国内增加值率的最新发展动态进行全面准确衡量。

以往对社会网络分析法的运用大多都集中在国际贸易网络特征、生产性服务贸易网络特征以及生产性服务贸易网络对全球价值链地位提升的研究等方面，而本书首次将社会网络分析法用于国际运输服务贸易网络特征对出口国内增加值率影响的研究中，并且在实证分析中首次从需求网与供给网的角度构建计量模型进行比较分析。

第二章

国际运输贸易网络
特征的现状分析

第一节
数据说明与网络构建

本书数据主要来源于 ADB-MRIO 数据库最新发布的世界投入产出表，其中包括 2000 年及 2007 ~ 2019 年 62 个国家和地区的产业部门数据。根据联合国贸易和发展委员会对服务贸易及运输服务的界定，本书选取表中第23 ~ 26 个部门（陆运、海运、空运和其他运输方式）的双边贸易出口额作为数据源。

社会网络是指社会行动者（节点）与行动者相互之间关系（边）的集合（刘军，2002），本书按以下步骤进行运输贸易网络特征分析。

构建邻接矩阵。本书以参与国际运输贸易的各个国家为节点，以各个国家之间的双边贸易额为边构成国际运输贸易网络。为分析总运输贸易、海运贸易、陆运贸易、空运贸易、其他运输贸易的网络特征，分别构建与之相对应的 63 × 63 的贸易矩阵，导入 UCINET 软件，然后将总运输贸易矩阵、海运贸易矩阵、陆运贸易矩阵、空运贸易矩阵以及其他运输贸易矩阵二值化。本书将各矩阵元素的均值再平均后的数值设为阈值。计算得出总贸易矩阵的阈值为130，海运贸易矩阵的阈值为20，陆运贸易矩阵的阈值为40，空运贸易矩阵的阈值为40，其他运输贸易矩阵的阈值为30，以此得到总运输贸易、海运贸易、陆运贸易、空运贸易、其他运输贸易分别在2007～2019年的邻接矩阵。

网络特征分析。分别对运输网络的整体格局（"核心－边缘"、密度、凝集子群）以及节点中心性特征（点度中心度、接近中心度、中介中心度）进行分析。由于本书使用的是62个国家之间的双边贸易数据，即有向网络，因此又将点度中心度、接近中心度、中介中心度再细分为点出度与点入度。

第二节
国际运输贸易网络整体格局

一、国际运输贸易基本格局

在分析国际运输贸易网络整体格局之前，本书对全球经济体2007～2019年海运、空运和其他运输的贸易量进行比较分析，同时将贸易量细分为货运贸易量与客运贸易量（陆运贸易量与其他运输的客运贸易量数据缺失），以了解国际运输服务贸易的基本格局。由图2－1可知，自2007年以来，海运的贸易量一直领先于空运和其他运输，但是到了2017年，空运贸易量实现反超，其他运输的贸易量逐年稳步增长，但仍与海运和空运的贸易量存在一定差距。

如图2－2所示，运输贸易中货运贸易大于客运贸易，故本书研究的国际运输服务主要指货运贸易运输。通过对比可以发现，虽然海运的客运贸易量远小于空运的客运贸易量，但海运的货运贸易量远大于空运的货运贸易量，说明在当前的货物运输贸易中，海运依然占据主导地位，空运货物运输总体来看有略微上升趋势。

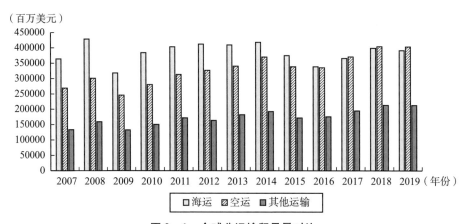

图 2 - 1　全球分运输贸易量对比

资料来源：根据 UNCTAD 数据库整理所得。

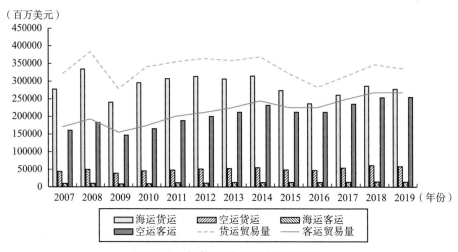

图 2 - 2　全球货运与客运贸易量对比

资料来源：根据 UNCTAD 数据库整理所得。

二、国际运输贸易网络基本格局

通过 UCINET 软件分析得出，国际运输贸易网络的"核心 - 边缘"现象明显，核心国家和边缘国家在数量分布上具有稳定态势，几年间波动幅度不大，但全球运输贸易网络密度在稳步上升，说明全球 62 个国家之间运输贸易联系愈加紧密。

（一）"核心－边缘"现象明显

如表 2 - 1 所示，从总运输贸易网络来看，2000 ~ 2019 年，中国始终是国际运输贸易网络中的核心国家之一，德国亦同，美国于 2007 年开始加入核心国家行列，而日本自 2009 年开始成为国际运输贸易网络核心国；从海运贸易网络来看，中国、德国、日本从 2000 年到 2019 年都处于国际运输贸易网络的核心位置，美国于 2007 年成为核心国之一；从陆运贸易网络来看，中国在2007 年开始成为核心国家，美国、德国、日本于 2000 年处于核心位置；从空运贸易网络来看，中国和美国在 2000 年成为国际运输贸易网络的核心国家，日本于 2007 年加入核心行列，而德国却一直处于边缘的位置。

表 2 - 1　　　　　　　　"核心－边缘"国家（地区）划分

年份	类型	核心国家（地区）
2000	总运输贸易	澳大利亚　比利时　加拿大　中国　德国　丹麦　法国　英国　意大利　荷兰
	海运贸易	澳大利亚　比利时　巴西　中国　德国　丹麦　英国　希腊　日本　韩国　荷兰　挪威　瑞典　土耳其　泰国　新加坡　中国香港
	陆运贸易	澳大利亚　加拿大　瑞士　德国　西班牙　法国　英国　意大利　日本　俄罗斯　土耳其　美国
	空运贸易	澳大利亚　加拿大　中国　西班牙　法国　英国　美国
	其他运输贸易	澳大利亚　奥地利　比利时　瑞士　德国　丹麦　西班牙　法国　英国　希腊　意大利　日本　美国
2007	总运输贸易	澳大利亚　比利时　加拿大　中国　德国　法国　美国
	海运贸易	澳大利亚　比利时　加拿大　中国　德国　丹麦　英国　希腊　印度　日本　土耳其　美国　泰国　新加坡　中国香港
	陆运贸易	奥地利　比利时　保加利亚　加拿大　瑞士　中国　捷克　德国　西班牙　法国　英国　意大利　波兰　俄罗斯　土耳其　美国
	空运贸易	澳大利亚　巴西　加拿大　中国　西班牙　法国　英国　日本　美国
	其他运输贸易	澳大利亚　奥地利　比利时　德国　丹麦　西班牙　法国　英国　希腊　意大利　日本　荷兰

年份	类型	核心国家（地区）
2009	总运输贸易	澳大利亚 比利时 巴西 加拿大 中国 德国 丹麦 西班牙 法国 英国 意大利 日本 荷兰 俄罗斯 美国
	海运贸易	比利时 加拿大 中国 德国 丹麦 英国 希腊 印度 日本 荷兰 挪威 美国 泰国 新加坡 中国香港
	陆运贸易	澳大利亚 奥地利 比利时 保加利亚 加拿大 瑞士 中国 捷克 德国 西班牙 法国 英国 日本 荷兰 波兰 俄罗斯 土耳其 美国
	空运贸易	澳大利亚 巴西 加拿大 中国 法国 英国 日本 美国
	其他运输贸易	澳大利亚 奥地利 比利时 瑞士 德国 丹麦 西班牙 法国 英国 希腊 意大利 荷兰 新加坡
2019	总运输贸易	澳大利亚 比利时 巴西 加拿大 中国 丹麦 德国 法国 英国 日本 荷兰 美国
	海运贸易	澳大利亚 中国 德国 丹麦 英国 日本 泰国 新加坡
	陆运贸易	澳大利亚 中国 德国 法国 日本 荷兰 俄罗斯 美国
	空运贸易	澳大利亚 比利时 巴西 加拿大 中国 法国 英国 美国
	其他运输贸易	澳大利亚 奥地利 比利时 德国 丹麦 法国 意大利 荷兰 挪威 瑞典 美国

资料来源：基于 ADB-MRIO 数据库，采用 UCINET 软件计算所得。

中国在其他运输贸易网络中一直处于边缘位置。在所有贸易类型中，最为稳定的是空运贸易网络，从 2007 年开始，澳大利亚、比利时、巴西、加拿大、中国、法国、英国、美国始终是空运贸易网络的核心国家，次稳定的是海运贸易网络，澳大利亚、中国、德国、丹麦、英国、日本、泰国、新加坡近十年常年居于核心位置。综合来看，不管是总运输贸易网络还是各分项运输贸易网络，"核心–边缘"结构均较为清晰和稳定。

（二）网络密度稳步上升

网络密度是指社会网络中各节点的联系紧密程度，网络密度越大，各国之间的联系就越紧密（刘军，2002）。网络密度介于 0～1，越接近 1，说明节点之间联系越紧密。根据图 2–3，总运输贸易及分项运输贸易网络各年密度都没有达到 0.2，说明每年总贸易量达到 130 阈值的国家、海运贸易量达到 20 阈值的国家、陆运量达到 40 阈值的国家，空运贸易量达到 40 阈值的国家还比较少，运输贸易网络不均衡，贸易量不是呈均匀分布状态。

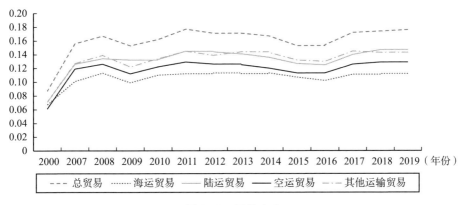

图 2 - 3 网络密度

资料来源：基于 ADB-MRIO 数据库，采用 UCINET 软件计算所得。

2008～2009 年总运输贸易及各分项运输贸易的整体网络密度呈下降态势，原因可能是受 2008 年全球金融危机的影响，国家间货物贸易受到了一定限制，各国运输贸易往来减少。但 2000～2019 年各种运输贸易网络密度总体上呈稳步上升趋势，说明各国间的运输贸易联系越来越紧密，运输贸易国际合作越来越频繁。

（三）凝聚子群划分具有明显的区域特征

本书的凝聚子群指的是社会网络中关系紧密的节点相互联系形成的团体组织，如果各个国家（地区）间运输贸易往来密切，就会呈现出"小团体"特征。

由表 2 - 2 的 2007 年与 2019 年的凝聚子群比较分析可看出，各子群国家（地区）基本分布于同一区域，而且同一区域国家（地区）构成小团体的趋势日益明显，如 2007 年的 B2 有着非常明显的区域特征，位于亚洲的这 7 个国家（地区）由于地理位置邻近，在运输贸易联系上逐渐形成了一个小团体，2019 年这些国家（地区）基本还在一个子群内（N4）且新增了更多本区域国家（地区），说明这些国家（地区）内部已经形成了较为稳定的区域运输贸易联系。然而中国是个例外，在 2007 年与中国处于同一子群的基本为亚洲国家（地区），也有少数北美洲国家（地区），而在 2019 年与中国处于同一子群的国家（地区）则涉及更多的区域，如亚洲、南美洲、北美洲、欧洲，体现了中国的运输贸易从区域化向全球化转变的趋势。

表 2 - 2   总运输贸易网络凝聚子群划分

年份	编号	子群国家（地区）
2007	B1	澳大利亚　越南　加拿大　蒙古国　美国　文莱　中国香港　中国　韩国　中国台湾
	B2	斐济　巴基斯坦　马尔代夫　马来西亚　斯里兰卡　柬埔寨　老挝
	B3	英国　墨西哥　日本　巴西　丹麦　印度
	B4	新加坡　印度尼西亚　尼泊尔　泰国　不丹　菲律宾　孟加拉国
	B5	保加利亚　波兰　捷克　奥地利　克罗地亚　意大利　斯洛伐克　拉脱维亚　荷兰　芬兰　匈牙利　德国　罗马尼亚　吉尔吉斯斯坦　立陶宛
	B6	爱沙尼亚　哈萨克斯坦　俄罗斯
	B7	土耳其　比利时　马耳他　瑞典　斯洛文尼亚　法国　卢森堡　瑞士
	B8	希腊　挪威　西班牙　葡萄牙　爱尔兰　塞浦路斯
2019	N1	澳大利亚　泰国　中国香港　蒙古国　丹麦　印度尼西亚　美国　新加坡　法国　韩国
	N2	印度　巴西　日本　加拿大　中国　爱尔兰　英国　墨西哥　中国台湾　菲律宾
	N3	尼泊尔　孟加拉国　不丹
	N4	越南　巴基斯坦　马来西亚　斯里兰卡　老挝　斐济　文莱　柬埔寨　马尔代夫
	N5	保加利亚　波兰　捷克　荷兰　瑞士　克罗地亚　奥地利　罗马尼亚　卢森堡　土耳其　斯洛文尼亚　匈牙利
	N6	比利时　希腊　意大利　西班牙　德国　葡萄牙　挪威　瑞典
	N7	爱沙尼亚　马耳他　塞浦路斯　芬兰
	N8	斯洛伐克　吉尔吉斯斯坦　哈萨克斯坦　拉脱维亚　立陶宛　俄罗斯

资料来源：基于 ADB-MRIO 数据库，采用 UCINET 软件计算所得。

第三节

国际运输贸易网络中心性特征

一、中心性指标及计算方法

在社会网络分析中，某个国家在国际运输贸易网络中的重要性和地位可以通过节点的中心性特征来衡量，采用点度中心度、接近中心度和中介中心度三个指标研究 62 国在国际运输贸易网络中的中心性特征（如表 2－3 所示）。

表 2－3　　　　　　　　　　中心性指标及公式说明

中心性指标	公式	注释
点度中心度	$C_{ADi} = \sum\limits_{i=1}^{n} \sum\limits_{j=1}^{n} T_{ij}$	C_{ADi} 表示成员国 i 的点度中心度，T_{ij} 为成员国 i 和 j 实际联系总数
接近中心度	$C_{APi}^{-1} = \sum\limits_{j=1}^{n} d_{ij}$	C_{APi}^{-1} 表示成员国 i 的接近中心度，d_{ij} 是成员国 i 与 j 的捷径距离
中介中心度	$C_{ABi} = \sum\limits_{j=1}^{n} \sum\limits_{k=1}^{n} \dfrac{g_{jk}(i)}{g_{jk}}, j \neq k \neq i$	C_{ABi} 表示成员国 i 的中介中心度，g_{jk} 是成员 j 和 k 之间存在的最短路径数量；$g_{jk}(i)$ 是成员 j 和 k 之间的最短路径中经过成员 i 的数量

　　资料来源：唐建荣，薛锐，曹玲玉. 长三角物流网络动态联系与不平衡演进——基于社会网络视角［J］. 华东经济管理，2021（3）.

（一）点度中心度

点度中心度是指某个节点与网络中其他节点的关系数量之和，是中心性特征最核心的指标。在运输贸易网络中各国的点度中心度表示的是该国与网络中其他各国有运输贸易联系的数量之和。当某个国家点度中心度大时，就处于网络中心，对其他国家的影响力就大（陈丽娴，2017）。而在本书的有向网中，又可以将点度中心度进一步划分为点出度与点入度，分别表示一国在运输贸易网络中与其他国家建立的出口关系数及进口关系数。出口网描述的是运输服务贸易供给或出口联系，如果一个国家向大多数国家出口，该国就是供给网核心国，位于供给网络的核心位置。位于出口网中心国家，一是因为其运输服务竞争力强，二是可能其本身制造业出口竞争力强，货物出口（包括中间品和最终品）伴随本国运输服务出口就多，特别是全球制造业供给中心国。进口网描述的是运输服务贸易进口或需求联系，如果一个国家从大多数国家进口，该国就是需求网核心国，位于需求网络的核心位置。处于进口网中心国家，对运输服务的需求更大。如果一国进口更多半成品、零部件等中间产品，其货物贸易进口量大，则运输服务贸易进口也大。

（二）接近中心度

接近中心度反映的是某一个节点和其他节点之间的距离和接近程度（姚星等，2019），接近中心度越大，说明其到其他节点之间的最短距离之和越小，说明该节点越处于网络中的中心位置。与点度中心度一样，同样将接近中心度划分为出度和入度。

（三）中介中心度

中介中心度从信息传输的控制程度这一角度来衡量节点地位（许欣，2020），它指的是一个节点担任其他两个节点之间最短路径的次数，节点充当"中介"的次数越多，中介中心度就越大。在运输网络中的中介中心度越大，就说明这个国家在整个网络中控制其他节点的能力越强，也可从不同角度反映出其在网络中的重要性。

由于点度中心度（包括点出度与点入度）是衡量网络中心性的最核心指标，因此本书仅对总运输贸易网络点度中心度、接近中心度、中介中心度特征做全面的分析和解释，对于海陆空和其他运输贸易网络只重点分析点度中心度特征。

二、总运输贸易网络中心性分析

（一）点度中心度

由表 2 - 4 可知，每年各个国家（地区）在运输贸易网络中的地位几乎是稳定的。美国、德国、日本、意大利、法国、英国、新加坡等国始终处于点度中心度的前 10 名，说明这些国家在贸易网络中与其他国家有着较多的贸易联系。而中国也在 2010 年加入前 10 名的行列并居于稳定地位，在近年还有稳步上升的趋势，说明中国在运输贸易网络中的国际地位在逐渐增强。

表 2 - 4　　　　　总运输贸易网络中心性分析（前 10 名）

年份	点度中心度		点出度		点入度		接近点入度		接近点出度		中介中心度	
	德国	43	美国	32	德国	39	孟加拉国	9.839	哈萨克斯坦	6.8	俄罗斯	10.713
	美国	38	俄罗斯	32	美国	33	德国	9.791	斯洛文尼亚	6.689	美国	8.434
	俄罗斯	35	法国	31	英国	31	美国	9.683	斯里兰卡	6.623	德国	6.753
	法国	34	德国	29	泰国	29	英国	9.667	越南	6.566	法国	5.445
2008	英国	32	日本	25	法国	28	泰国	9.637	俄罗斯	6.559	日本	4.705
	意大利	32	荷兰	24	意大利	28	法国	9.621	文莱	6.559	比利时	3.809
	比利时	31	西班牙	22	比利时	26	意大利	9.621	法国	6.545	英国	2.427
	日本	30	比利时	21	丹麦	26	丹麦	9.591	马耳他	6.531	中国	2.281
	泰国	30	中国	20	新加坡	26	新加坡	9.591	美国	6.503	新加坡	2.238
	荷兰	29	英国	20	日本	24	比利时	9.591	德国	6.489	西班牙	2.032
	德国	42	俄罗斯	33	德国	38	孟加拉国	9.037	哈萨克斯坦	7.731	俄罗斯	9.411
	美国	36	美国	32	泰国	30	德国	8.918	斯洛文尼亚	7.635	德国	8.237
	法国	36	法国	30	法国	29	马尔代夫	8.879	拉脱维亚	7.587	美国	7.654
	俄罗斯	35	荷兰	30	美国	29	泰国	8.815	俄罗斯	7.531	法国	6.22
2010	荷兰	34	德国	29	比利时	28	法国	8.802	文莱	7.512	新加坡	5.447
	比利时	31	日本	25	英国	28	美国	8.802	法国	7.494	日本	4.569
	日本	31	比利时	22	意大利	27	比利时	8.79	荷兰	7.494	荷兰	3.653
	中国	30	中国	22	中国	26	英国	8.79	爱沙尼亚	7.494	中国	2.956
	泰国	30	意大利	20	日本	26	意大利	8.777	美国	7.466	比利时	2.91
	新加坡	30	瑞士	18	瑞典	26	中国	8.764	德国	7.439	意大利	2.814
	德国	43	俄罗斯	36	德国	39	蒙古国	9.091	哈萨克斯坦	8.391	俄罗斯	11.275
2011	俄罗斯	38	荷兰	33	比利时	35	孟加拉国	9.077	斯洛文尼亚	8.356	美国	7.483
	美国	37	美国	32	美国	32	德国	8.931	爱沙尼亚	8.221	德国	6.21

续表

年份	点度中心度		点出度		点入度		接近点入度		接近点出度		中介中心度	
2011	比利时	37	法国	31	意大利	31	比利时	8.866	俄罗斯	8.166	中国	5.201
	法国	36	德国	29	法国	30	美国	8.841	荷兰	8.123	法国	4.582
	荷兰	35	中国	24	中国	29	意大利	8.815	法国	8.101	新加坡	3.696
	中国	34	日本	24	英国	29	法国	8.802	美国	8.058	比利时	3.663
	意大利	34	比利时	23	瑞典	27	英国	8.802	中国	8.037	日本	3.115
	日本	30	意大利	22	泰国	27	中国	8.802	德国	8.026	荷兰	2.921
	英国	30	西班牙	19	日本	26	泰国	8.777	意大利	8.005	意大利	2.689
2014	德国	44	美国	36	德国	39	孟加拉国	11.193	哈萨克斯坦	7.722	美国	11.257
	美国	39	荷兰	31	法国	32	德国	10.816	斯洛文尼亚	7.702	俄罗斯	9.375
	法国	37	法国	30	美国	32	美国	10.702	爱沙尼亚	7.625	德国	8.378
	比利时	34	德国	29	比利时	31	法国	10.702	克罗地亚	7.559	法国	6.198
	荷兰	33	俄罗斯	29	英国	29	泰国	10.646	美国	7.55	新加坡	4.418
	俄罗斯	32	中国	23	泰国	29	比利时	10.646	荷兰	7.503	中国	4.006
	泰国	31	比利时	20	中国	28	英国	10.627	法国	7.494	印度	2.893
	中国	31	意大利	20	意大利	27	中国	10.609	俄罗斯	7.494	丹麦	2.687
	英国	31	土耳其	19	新加坡	27	新加坡	10.609	德国	7.448	意大利	2.387
	意大利	31	丹麦	18	丹麦	25	意大利	10.572	中国	7.421	比利时	2.334
2019	德国	45	美国	36	德国	41	孟加拉国	12.682	斯洛文尼亚	10.099	美国	11.473
	美国	41	德国	34	美国	37	德国	12.151	哈萨克斯坦	9.118	德国	9.914
	法国	40	荷兰	34	中国	36	美国	12.079	克罗地亚	9.037	俄罗斯	9.757
	中国	38	法国	32	法国	36	法国	12.055	美国	8.879	法国	6.165
	俄罗斯	35	俄罗斯	29	英国	31	中国	12.055	德国	8.853	新加坡	5.734
	荷兰	35	中国	22	意大利	27	英国	11.914	荷兰	8.853	中国	4.349
	英国	33	比利时	21	俄罗斯	27	丹麦	11.822	法国	8.828	印度	2.937
	意大利	32	英国	21	比利时	26	意大利	11.799	俄罗斯	8.802	泰国	2.481
	新加坡	32	意大利	18	丹麦	26	俄罗斯	11.799	中国	8.689	丹麦	2.231
	比利时	30	瑞典	18	日本	25	比利时	11.776	英国	8.677	英国	2.22

资料来源：基于 ADB-MRIO 数据库数据，采用 UCINET 软件计算所得。

（二）点出度

由表 2-4 及相关拓扑图可知，中国、美国、德国、英国、法国、俄罗斯、荷兰每年都处于运输贸易网络中供给中心的地位。中国于 2008 年开始成为运输贸易网络中排名前 10 名的核心出口国之一，之后基本每年都保持着稳定地位，说明中国作为运输服务贸易供给中心国，运输服务竞争力在逐渐增强。日本却从 2014 年开始退出点出度前 10 名的国家行列，可能是日本的制造业完成了海外布局，导致本土的货物出口下降，进而与其他国家的运输服务联系减少，也可能是日本运输服务竞争力降低导致货物运输服务更多靠进口。

（三）点入度

由表 2-4 及相关拓扑图可知，美国、德国、法国、比利时、丹麦、新加坡等国家多年稳居运输进口网络的核心位置，中国于 2010 年开始至 2019 年在运输进口网络中处于前 10 名的重要位置，说明这些国家相对于其他国家来说，运输服务进口伙伴更多，对运输服务的需求更大。通过上述分析及相关数据可以发现美国和德国在运输贸易网络中处于绝对的中心位置。中国与美国和德国相比虽有较大差距，但是不难看出，中国在这些网络中的地位有着逐年上升的趋势。

（四）接近中心度与中介中心度

通过观察相关数据可知，不管是接近中心度的出度还是入度，发展中国家越来越居于重要地位，只有少数西方发达国家一直位列前 10，孟加拉国等发展中国家的接近中心度较高，而中国则在 2011 年开始位于前 10 名的核心位置。就中介中心度而言，美国、德国、法国、俄罗斯、中国、新加坡等国家在网络中的中介中心度较大，说明在运输贸易网络中它们的"中介"作用很大，对其他国家的控制力更强。

三、海运贸易网络中心性分析

（一）点度中心度

由表 2-5 可知，就点度中心度而言，从 2008 年到 2019 年泰国始终排名第一，新加坡紧随其后，这与其得天独厚的地理位置息息相关。地理位置优越、交通便利、港口设施一流，造就了两国在海运贸易网络中的核心地位。除此之外，美国、日本、德国等国家和地区常年稳定在前10名的重要位置。中国只在2008年居于前10行列，发展海运贸易仍是长路漫漫。

表2-5　　　　　　　　海运贸易网络中心性分析（前10名）

年份	点度中心度		点出度		点入度	
	泰国	46	德国	30	泰国	46
	德国	37	中国香港	26	新加坡	26
	新加坡	32	丹麦	23	德国	25
	日本	31	日本	23	日本	24
2008	中国香港	27	新加坡	21	英国	20
	丹麦	26	美国	21	荷兰	16
	美国	25	希腊	20	瑞典	15
	意大利	24	塞浦路斯	20	丹麦	14
	中国	23	意大利	20	土耳其	14
	希腊	22	挪威	17	中国香港	13
	泰国	46	德国	27	泰国	45
	新加坡	36	中国香港	26	新加坡	31
	德国	33	新加坡	24	德国	23
	中国香港	27	丹麦	21	日本	19
2016	美国	25	美国	20	英国	18
	英国	25	荷兰	18	荷兰	15
	丹麦	25	塞浦路斯	18	法国	15
	日本	24	希腊	17	中国	15
	荷兰	23	英国	15	比利时	15
	法国	22	挪威	15	孟加拉国	15

年份	点度中心度		点出度		点入度	
2019	泰国	46	德国	31	泰国	46
	新加坡	35	新加坡	29	德国	25
	德国	35	中国香港	27	日本	22
	中国香港	28	丹麦	23	英国	21
	英国	28	美国	21	孟加拉国	20
	日本	27	荷兰	20	新加坡	19
	丹麦	27	法国	19	中国	18
	法国	26	塞浦路斯	18	法国	16
	美国	26	中国	18	丹麦	14
	荷兰	25	希腊	17	荷兰	14

资料来源：基于 ADB-MRIO 数据库数据，采用 UCINET 软件计算所得。

（二）点出度

由表 2-5 及相关拓扑图可知，中国香港、德国、美国、新加坡、荷兰、希腊等国家和地区数值较为稳定，其中，中国香港和德国最为突出，排名靠前，说明中国香港作为海运服务贸易供给中心，其海运服务竞争力强，有更多的运输服务出口。

（三）点入度

由表 2-5 与相关拓扑图可知，泰国、德国、日本、新加坡、丹麦、法国、英国等国家几乎在所有年份都稳定在前 10 名，其中，泰国、德国、日本稳定于前四名，且处于第一的泰国遥遥领先于其他国家，说明泰国位于海运进口网络中心，由于要进口更多的制造品，特别是半成品、零部件等中间产品，货物贸易进口量大，因此海运运输服务贸易进口较大。

四、陆运贸易网络中心性分析

（一）点度中心度

由表 2-6 可知，就点度中心度而言，法国、俄罗斯、美国、德国、荷兰、中国、比利时、意大利这些国家稳居网络中心位置，其中，法国在陆运贸易网络中的优势较为凸显，俄罗斯、美国、德国则紧随其后。此外，中国在2008年开始成为陆运贸易网络中心国，在之后的十年里，排名也有小幅度的提升。

表 2 – 6 陆运贸易网络中心性分析（前 10 名）

年份	点度中心度		点出度		点入度	
2008	德国	36	俄罗斯	35	德国	36
	俄罗斯	36	法国	33	比利时	28
	法国	34	美国	26	瑞士	27
	美国	33	土耳其	23	英国	27
	比利时	29	日本	21	瑞典	26
	瑞士	29	加拿大	19	法国	24
	英国	28	波兰	19	美国	24
	意大利	28	奥地利	18	意大利	24
	中国	26	罗马尼亚	17	波兰	21
	瑞典	26	瑞士	16	奥地利	21
2014	法国	41	法国	34	德国	36
	美国	36	俄罗斯	32	法国	34
	德国	36	荷兰	30	比利时	28
	俄罗斯	35	美国	28	英国	28
	荷兰	31	中国	20	美国	26
	中国	31	波兰	19	中国	26
	比利时	29	罗马尼亚	19	瑞典	24
	英国	29	意大利	18	意大利	23
	意大利	27	奥地利	18	荷兰	22
	瑞典	24	土耳其	17	俄罗斯	21

续表

年份	点度中心度		点出度		点入度	
2019	法国	41	荷兰	34	德国	37
	俄罗斯	41	法国	34	法国	35
	美国	39	俄罗斯	34	俄罗斯	33
	德国	38	美国	29	美国	30
	荷兰	35	波兰	22	中国	30
	中国	33	中国	19	英国	29
	英国	30	罗马尼亚	19	比利时	26
	比利时	27	意大利	18	瑞典	25
	意大利	26	澳大利亚	18	荷兰	23
	瑞典	25	德国	17	意大利	22

资料来源：基于 ADB-MRIO 数据库数据，采用 UCINET 软件计算所得。

（二）点出度

由表 2-6 与相关拓扑图可知，2007～2013 年，俄罗斯始终位列第一，而 2014～2017 年，俄罗斯在陆运贸易网络的中心位置有所下降，法国跻身第一。2018～2019 年，荷兰的优势逐渐明显，在陆运贸易网络中处于最核心的位置，说明位于陆运贸易出口网中心的荷兰，货物出口（包括中间品和最终品）多伴随本国运输服务出口。除了这些国家，波兰、罗马尼亚、中国、美国在陆运贸易出口网中的排名历年来都趋于稳定，其中中国于 2010 年位列前 10 名，此后排名也一直保持稳定，说明中国作为陆运贸易出口网供给国，运输服务竞争力在稳步增强。日本、意大利、德国等国家的排名变化则较大。

（三）点入度

由表 2-6 与相关拓扑图可知，德国始终处于陆运贸易进口网络最核心的位置，法国、比利时、美国、中国、意大利、英国、瑞典、瑞士等稳居前 10 名。在 2016 年之前，德国、法国、比利时始终排名靠前，但是在 2016 年之后，比利时的网络核心地位逐渐下降，美国、俄罗斯取而代之。中国于 2010 年在陆运贸易进口网络中的位置开始逐渐提高，而日本则始终未曾进入前 10 名。

五、空运贸易网络中心性分析

（一）点度中心度

由表 2-7 可知，就点度中心度而言，位于空运贸易网络中心前 10 名的国家和地区多为发达国家且排名较为稳定。日本在 2013 年之前以及近年都在网络中处于排名前 10 的重要位置，此外，中国在 2007 年开始就已经成为空运贸易网络的核心国，从 2007 年的第 9 名到 2019 年的第 2 名，可见中国在空运贸易网络中影响力越来越大，贸易合作也越来越多。

表 2-7 　　　　　　　　　空运贸易网络中心性分析（前 10 名）

年份	点度中心度		点出度		点入度	
2007	英国	38	美国	32	英国	33
	美国	36	德国	29	美国	31
	德国	31	日本	26	意大利	28
	意大利	30	荷兰	26	法国	26
	法国	30	法国	25	西班牙	23
	日本	27	英国	22	德国	20
	荷兰	27	中国	22	澳大利亚	20
	西班牙	27	中国香港	20	日本	19
	中国	26	西班牙	18	中国	17
	中国香港	21	韩国	17	印度	15
2013	美国	38	美国	35	美国	32
	英国	34	法国	25	英国	30
	中国	33	德国	25	中国	29
	法国	32	中国	25	比利时	27
	德国	30	中国香港	22	意大利	27
	比利时	29	荷兰	22	法国	26

续表

年份	点度中心度		点出度		点入度	
2013	意大利	28	韩国	18	德国	21
	新加坡	27	英国	17	新加坡	21
	日本	25	中国台湾	15	澳大利亚	21
	荷兰	22	西班牙	15	日本	20
2019	美国	41	美国	35	美国	36
	中国	35	德国	27	中国	31
	新加坡	35	法国	25	英国	31
	德国	34	中国香港	23	新加坡	30
	英国	34	荷兰	23	法国	28
	法国	33	中国	23	意大利	28
	意大利	29	英国	18	德国	22
	比利时	25	爱尔兰	15	澳大利亚	22
	荷兰	24	西班牙	15	比利时	21
	日本	23	韩国	15	日本	19

资料来源：基于 ADB-MRIO 数据库数据，采用 UCINET 软件计算所得。

（二）点出度

由表 2-7 与相关拓扑图可知，美国、德国多年排名靠前，而美国又保持着绝对优势地位，可以看出美国运输服务出口多，其运输服务竞争力处于较为强势的地位。除此之外，中国、英国、法国、荷兰、西班牙等是空运贸易出口网中的核心国家，处于前 10 名的重要位置。

（三）点入度

由表 2-7 与相关拓扑图可知，英国在 2012 年处于空运贸易进口网的最核心位置，与美国、法国共同占据前三名，但是 2012 年以后美国跻身第一，直到 2019 年都保持着突出优势。中国从 2007 年的第 9 名前进到 2019 年的第 2 名，可见中国在空运贸易进口网中的地位在逐渐攀升，随着货物贸易进口量的增大，运输服务进口也不断增加。

六、其他运输贸易网络

(一) 点度中心度

由表2-8可知，就点度中心度而言，德国在2007~2019年一直位于其他运输贸易网络的最核心位置，与其他国家拉开较大差距，保持着绝对优势，法国、比利时、丹麦排名靠前，瑞典、美国、意大利、新加坡、荷兰等国家则紧随其后。中国未曾成为其他运输贸易网络的核心国家。

表2-8 其他运输贸易网络中心性分析（前10名）

年份	点度中心度		点出度		点入度	
2007	德国	42	美国	27	德国	40
	法国	35	意大利	25	法国	33
	丹麦	34	德国	23	丹麦	32
	比利时	34	比利时	23	比利时	31
	意大利	32	法国	22	意大利	29
	美国	28	俄罗斯	22	希腊	25
	希腊	27	日本	21	新加坡	23
	荷兰	26	荷兰	21	荷兰	19
	日本	25	西班牙	17	英国	19
	俄罗斯	24	澳大利亚	16	瑞典	18
2014	德国	43	德国	29	德国	40
	法国	36	美国	29	比利时	32
	比利时	35	瑞典	27	法国	32
	瑞典	32	荷兰	25	丹麦	30
	丹麦	32	比利时	24	瑞典	29

续表

年份	点度中心度		点出度		点入度	
	意大利	32	意大利	23	意大利	29
	美国	31	俄罗斯	21	新加坡	27
2014	新加坡	27	法国	21	英国	22
	英国	27	澳大利亚	17	挪威	20
	荷兰	27	中国	16	瑞士	20
	德国	42	美国	31	德国	40
	法国	37	德国	30	法国	35
	丹麦	34	比利时	28	丹麦	33
	比利时	34	荷兰	28	意大利	29
	瑞典	33	瑞典	27	瑞典	28
2019	美国	32	法国	22	比利时	27
	意大利	31	意大利	22	挪威	25
	荷兰	30	俄罗斯	19	英国	24
	俄罗斯	27	中国	17	俄罗斯	20
	英国	27	英国	16	荷兰	19

资料来源：基于 ADB-MRIO 数据库数据，采用 UCINET 软件计算所得。

（二）点出度

由表 2-8 与相关拓扑图可知，2014 年以后，美国发展势头更加迅猛，超过德国跻身第一，但德国依然稳定在第二名，且与第一名的美国差距较小。比利时、荷兰、瑞典、法国、意大利、俄罗斯等国家在出口网络中的格局较为稳定。中国从 2014 年开始成为出口网中的核心国家之一。

（三）点入度

由表 2-8 与相关拓扑图可知，德国在 2007~2019 年都稳居第一，体现了德国在其他运输服务进口网中的核心地位，说明德国相对于其他国家运输服务进口伙伴更多，对运输服务的需求更大。法国、比利时、丹麦、意大利、瑞典、挪威、英国等国家紧随其后，排名在小范围内浮动。美国、中国和日本都未曾进入前10。

通过对以上总运输贸易网络及各分项运输贸易网络中心性特征的分析可以发现，2007～2019年的总运输及各分项运输贸易网络格局基本稳定，德国和美国在运输贸易网络中占据着绝对优势的地位，德国的领先优势更加突出。对于中国来说，虽然在运输贸易网络中扮演着重要角色，地位和影响力在逐渐上升，但是与美国和德国等国家相比仍然存在一定的差距。

第三章

全球及主要国家参与
全球价值链发展趋势

由于出口国内增加值率与全球价值链息息相关，本部分主要对全球及中美德日重点国家几大部门及国家层面参与全球价值链发展趋势进行分析，为下文研究全球及各国制造业出口国内增加值率提供背景与铺垫。本章所有图均根据 ADB – MRIO（2021）数据整理绘制。

第一节
全球价值链发展趋势

由于中高技术制造业参与全球价值链分工程度较深，因此本部分通过对中高技术制造业全球价值链参与度与生产长度等指标的分析，探究全球价值链总体发展趋势。

一、全球价值链参与度变化

图 3 – 1 描述了 2000～2020 年中高技术制造业全球价值链参与度发展趋势。2000～2008 年中高技术制造业全球价值链参与度在不断提升，但受全球金融危机影响，2008 年增速明显放缓，2009 年降低，2011 年恢复，2011～

2016 年又降低，2016 ~ 2018 年提升；受中美贸易摩擦与新冠肺炎疫情影响，2018 ~ 2020 年出现降低趋势，打破了 2016 ~ 2018 年的提升态势。可见，金融危机后 2011 ~ 2016 年 GVC 参与度在降低或全球价值链在收缩，但 2016 年之后全球参与度提升的态势又被贸易保护主义与新冠肺炎疫情打破。

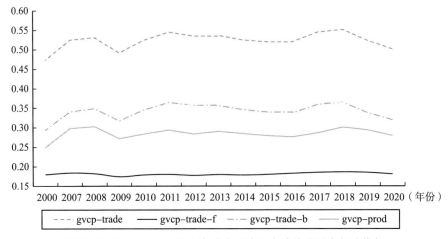

图 3 - 1　2000 ~ 2020 年中高技术制造业全球价值链参与度指标

基于生产分解的参与度（gvcp-prod）低于基于贸易分解的后向参与度（gvcp-trade-b），但二者变化趋势相同。全球价值链参与度变化趋势（gvcp-trade）更多受后向参与度变化趋势影响。金融危机后，后向参与度的变化趋势出现了反复，特别是 2011 年从金融危机恢复后，2011 ~ 2016 年出现小幅降低，2016 ~ 2018 年出现小幅提升。可能受贸易保护主义与新冠肺炎疫情影响，2018 年后又出现降低之势。可见，贸易保护主义与新冠肺炎疫情绝不是全球价值链收缩的加速剂与催化剂，而是导致全球价值链收缩的直接诱因，而真正决定全球价值链发展趋势的可能是技术变化，特别是数字技术的不断升级。

2000 ~ 2011 年是数字技术萌芽阶段，全球价值链不断扩张；2011 ~ 2016 年是数字技术发展的初级阶段，全球价值链向纵深拓展的速度降低；2016 ~ 2018 年是数字技术成熟阶段，全球价值链开始大幅扩张；2018 年后全球价值链呈收缩之势，特别是用外国增加值占比衡量的后向参与度的减小幅度更大。

二、全球生产长度变化

总平均生产长度（PLv）是 GVC 贸易生产长度（PLv-GVC）、传统贸易生产长度（PLv-RT）与国内生产国内消费生产长度（PLv-D）的加权平均。如图 3 - 2 所示，总平均生产长度在 2000 ~ 2013 年持续增加，经历 2014 年波动、2015 年达到峰值之后持续降低。纯国内生产国内消费生产长度一直在波动中提升，2018 年达到峰值，2019 ~ 2020 年持续下降。传统贸易生产长度持续提升到 2015 年，达到峰值后又持续下降到 2018 年，2018 年之后持续提升。

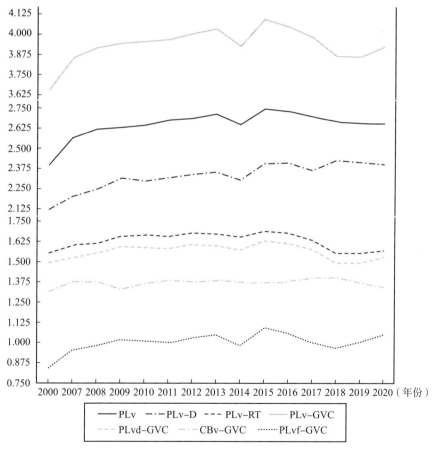

图 3 - 2 2000 ~ 2020 年中高技术制造业全球生产长度变化

GVC 贸易生产长度是全球价值链增加值来源国生产长度（PLvd-GVC）、跨界生产长度（CBv-GVC）与最终需求国生产长度（PLvf-GVC）的加总。2018 年之前，GVC 贸易生产长度和总生产长度保持相同的变化态势，2019 年小幅降低后 2020 年又开始提升，这主要是受新冠肺炎疫情影响，增加值来源国和最终需求国国内生长度在 2020 年变长导致，而此阶段跨界生产长度的大幅降低说明全球垂直专业化分割程度在降低。

从增加值来源国生产长度看，其在金融危机期间波动上涨，2015 年达到峰值，2015～2018 年持续下降，2018 年后先降后升。从最终需求国生产长度来看，其数值低于增加值来源国生产长度，但二者在 2018 年之前保持相同的变化趋势，2018 年之后最终需求国生产长度持续提升。而跨界生产长度在 2000～2008 年增加，2009 年受金融危机影响达到低点，2011 年恢复到高点，2012 年又开始下降，2013 年恢复到次高点，2014 年又开始降低，之后持续提升到 2018 年并达到高点，2018 年之后持续下降。

仅从 GVC 贸易总生产长度变化趋势看，2015 年达到高点，2015～2019 年持续下降，所以大多学者认为全球价值链生产长度在收缩，但从 GVC 贸易中跨界生产阶段数的变化来看，2009 年下降，2011 年恢复高位，2011～2014 年经历小幅波动，2014～2018 年持续提升达到峰值后一直下降，说明金融危机后，全球价值链在收缩的观点是不正确的，因为最能反映国际垂直专业化分割程度的跨界生产长度除受 2009 年金融危机和 2014 年发达国家高端制造业回流的政策影响外，2000～2018 年一直在波动中提升，包括 2000～2008 年、2009～2013 年、2014～2018 年三个时间段，但 2018 年之后，受贸易保护主义与新冠肺炎疫情影响确实在收缩，说明金融危机只对国际一体化分割与全球价值链造成了短暂的影响，真正决定全球价值链向纵深拓展的根本因素还是数字技术变革。

全球价值链贸易生产长度在 2015～2018 年下降，更多是由于增加值来源国与最终需求国生产长度同时下降导致，此阶段跨界生产长度在不断提升，国际一体化分割在深化；2018～2019 年的下降是由增加值来源国与跨界生产长度共同下降导致，但跨界生产长度下降幅度更大，而最终需求国生产长度在提升。2020 年 GVC 生产长度的提升由增加值来源国与最终需求国的国内生产长度提升导致，而此时跨界生产阶段是在下降的，说明国内生产分割在提升，而跨界生产阶段数在下降，全球价值链在向从事原材料等初级产品以及研发设计等高附加值上游生产阶段与出口最终需求国及最终市场需求国集聚，特别是向最终需求市场国国内靠近的趋势更明显，此时全球价值链表现出真正的收缩趋势，这无疑会给中国带来机遇，抓住这一机遇，制定相应政策，则有利于促进我国从全球工厂与全球生产网络供应中心转化为全球大市场与全球生产网络的需求中心，对于提升我国的全球价值链地位与出口国内增加值率有着深远的意义。

可见，2015～2018年全球价值链贸易生产长度表面在缩短，但经过分析全球价值链生产长度内部结构变化可知，真正的国际一体化分割从2000～2018年在持续加深，而贸易保护主义与新冠肺炎疫情对全球价值链有更深远但短暂的影响，导致跨界生产长度下降，逆转国际一体化分割不断加深的趋势。

总之，2000～2018年跨界生产阶段的增加是由数字技术导致的，2018～2020年跨界生产阶段减少则由贸易保护主义与新冠肺炎疫情导致。2015年以后GVC贸易生产阶段的减少更多是由增加值来源国和最终需求国生产阶段减少导致，无法说明全球价值链在收缩。2018～2020年GVC贸易生产阶段的增加也无法说明全球价值链在扩张，因为跨界生产阶段在减少，只是由增加值来源国和最终需求国生产阶段的扩张导致。

增加值来源国和最终需求国生产长度在2000～2015年增加，2015～2018年减少，说明数字技术对增加值来源国和最终需求国国内生产分割是先正后负的影响，即数字技术的发展先促进后抑制了国内生产分割；而对跨界生产长度，即对真正的国际一体化分割从2000～2018年则是持续正向影响。但究竟是促进区域外跨界生产阶段增加还是国外区域内跨界生产阶段增加，还有待进一步确认。

如果数字化导致跨界生产分割长度变短，就可说明全球价值链短链化趋势，但目前看来并没有出现明显持续的短链化趋势；如果数字化导致全球国际一体化分割区域内跨界生产阶段增加，而且区域外跨界生产减少，就说明其促进了全球价值链向区域化发展，否则就是向全球化发展，这些均会对中国出口国内增加值率的变化造成不同的影响。

第二节
中国参与全球价值链发展趋势

一、中国参与 GVC 的程度与地位

（一）WWZ[①] 分解框架

1. 参与度与地位

（1）前向参与度。如图 3 - 3 所示，中国五个产业和国家层面的前向参与度总体上在 0 ~ 0.2 浮动；从数值大小来说，中国五个产业和国家层面的全球价值链前向参与度大小依次为中高技术制造业、商业服务业、国家层面、基础产业、低技术制造业、个人与公共服务业；从变动趋势来看，2000 ~ 2009 年，中高技术制造业、商业服务业、国家层面、基础产业、低技术制造业的前向参与度呈倒 "U" 型变动；在 2009 年之后，中高技术制造业、商业服务业、国家层面呈波动下降趋势，基础产业呈先下降后上升的变动趋势，低技术制造业总体上围绕 0.065 波动；个人与公共服务业的前向参与度变动较为平缓。国家层面的前向参与度总体呈下降趋势，说明中国自身创造并出口的附加值不断沿着价值链向下游发展的程度有所下降。

（2）后向参与度。如图 3 - 4 所示，中国五个产业和国家层面全球价值链的后向参与度总体上在 0 ~ 0.25 浮动，就数值大小而言，多数年份的后向参与程度从大到小依次为中高技术制造业、国家层面、低技术制造业、个人与公共服务业、基础产业、商业服务业；从变动趋势来看，中国五个产业和国家层面全球价值链的后向参与度波动幅度较大。2000 ~ 2009 年总体上呈倒 "U" 型变动趋势，2009 年之后，总体上呈 "M" 型变动趋势。

---

① WANG Z，WEI S J，ZHU K F. Quantifying international production sharing at the bilateral and sector levels ［R］. Social Science Electronic Publishing, 2018.

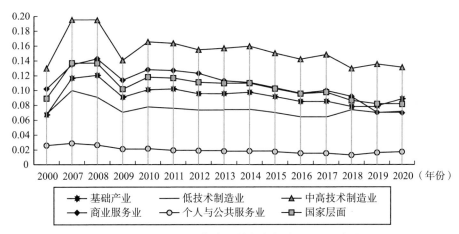

图 3-3 2000~2020 年中国前向参与度（WWZ 框架）

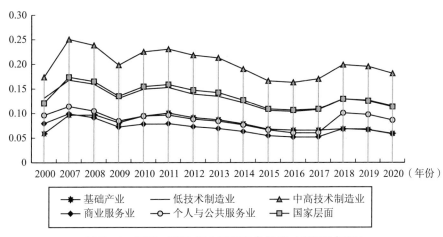

图 3-4 2000~2020 年中国后向参与度（WWZ 框架）

（3）总参与度。图 3-5 为中国五个产业和国家层面在全球价值链中的总参与度。在大多数年份下，按程度大小依次为中高技术制造业、国家层面、低技术制造业、商业服务业、基础产业、个人与公共服务业。即中高技术制造业在全球价值链中的总参与度最高，且高于国家层面的水平，而个人与公共服务业的参与度最低；从变动趋势来看，中国五个产业和国家层面的总参与度在 2000~2009 年总体上呈倒 "U" 型变动趋势；在 2009 年之后，中高技术制造业、国家层面、低技术制造业、商业服务业、个人与公共服务业呈

"M"型变动趋势，基础产业总体上呈先上升后下降的变动趋势。

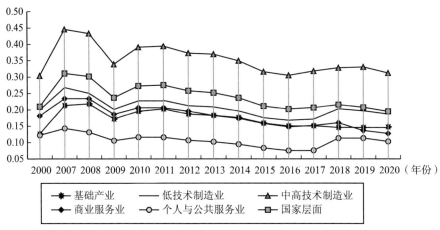

图 3-5　2000~2020 年中国总参与度（WWZ 框架）

（4）价值链地位。图 3-6 为中国五个产业和国家层面的 GVC 地位指数。商业服务业的 GVC 地位指数最大，之后依次是基础产业、国家层面、中高技术制造业、低技术制造业，个人与公共服务业的 GVC 地位指数最小。商业服务业和基础产业的 GVC 地位指数为正，剩余产业的 GVC 地位指数均为负。总体上来看，中国五个产业的 GVC 地位指数在 -0.1~0.06 变动，数值较小，表示中国五个产业在国际分工体系中处于下游。从变动趋势上来看，2011~2019 年基础产业、国家层面、中高技术制造业、低技术制造业和个人与公共服务业的变动趋势均呈倒"U"型，商业服务业和基础产业在全球价值链中的地位高于国家层面的水平。

2. 上游度

图 3-7 为中国五个产业和国家层面中处于生产链上游位置的程度。从上游度指标的数值来看，从大到小依次为基础产业、中高技术制造业、商业服务业、国家层面、低技术制造业、个人与公共服务业；相较于其他行业，基础产业相对处于生产链的上游位置且总体呈上升趋势；中高技术制造业、国家层面总体上呈先上升后下降的趋势，商业服务业、低技术制造业、个人与公共服务业总体呈上升趋势。

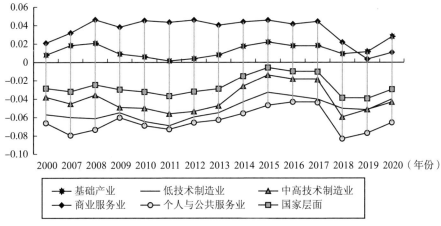

图3-6　2000~2020年中国全球价值链地位（WWZ框架）

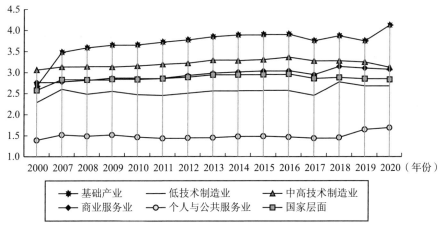

图3-7　2000~2020年中国上游度（WWZ框架）

3. 生产长度与地位

（1）前向价值链生产长度。图3-8为中国五个产业的前向生产长度。基础产业的前向生产长度较大，且总体上呈上升趋势；中高技术制造业呈先上升后下降的趋势；商业服务业以及低技术制造业总体呈上升趋势；个人与公共服务业的前向生产长度最小，变化较为平缓，但在2018年之后有明显上升趋势。

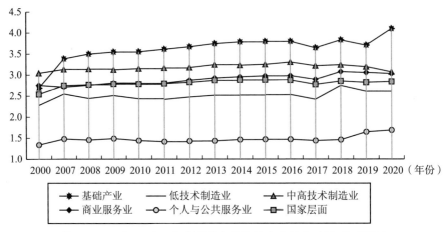

图 3 - 8　2000～2020 年中国前向价值链生产长度（WWZ 框架）

（2）后向价值链生产长度。图 3 - 9 为中国五个产业的后向生产长度。中高技术制造业的后向生产长度最大，之后依次为低技术制造业、国家层面、个人与公共服务业；基础产业和商业服务业的后向生产长度较小且相近。从变动趋势来看，中高技术制造业总体上呈波动上升的趋势；低技术制造业总体上呈先上升后下降的趋势；国家层面总体上在数值 3 附近变动；个人与公共服务业的波动较大；基础产业和商业服务业的变动趋势较为平缓。

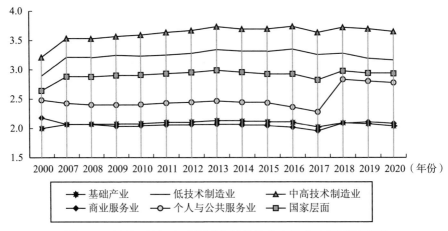

图 3 - 9　2000～2020 年中国后向价值链生产长度（WWZ 框架）

（3）价值链位置。图3－10为中国五个产业和国家层面的全球价值链位置指数。基础产业处于全球价值链较高的位置，之后依次是个人与公共服务业、商业服务业、国家层面、低技术制造业、中高技术制造业；从变动趋势来看，基础产业、个人与公共服务业、商业服务业、国家层面总体上呈上升趋势，低技术制造业和中高技术制造业的变动较为平缓。

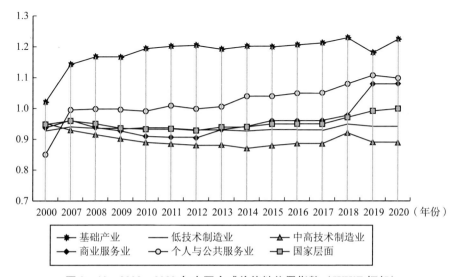

图3－10　2000～2020年中国全球价值链位置指数（WWZ框架）

（二）Borin[①] 分解框架

1. 前向参与度

图3－11为中国五个产业和国家层面基于贸易的前向参与度。基础产业、商业服务业、中高技术制造业基于贸易的前向参与度高于国家层面；从变动趋势来看，基础产业、商业服务业、中高技术制造业、国家层面和低技术制造业总体上呈现出不同程度的先上升后下降的趋势，且从2017年或2018年之后有不同程度的下降；个人与公共服务业总体呈上升趋势，且上升幅度较大。

①　A. Borin and M. Mancini. Measuring What Matters in Global Value Chains and Value-Added Trade [R]. World Bank，2019.

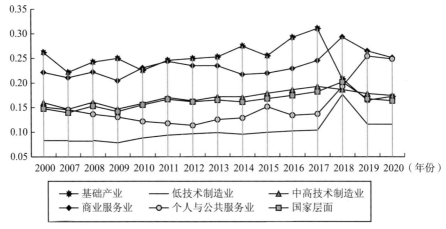

图 3 - 11　2000 ~ 2020 年中国前向参与度（Borin 框架）

2. 后向参与度

图 3 - 12 为中国五个产业和国家层面基于贸易的后向参与度。中高技术制造业后向参与程度最高且高于国家层面；之后依次为低技术制造业、个人与公共服务业、商业服务业和基础产业。

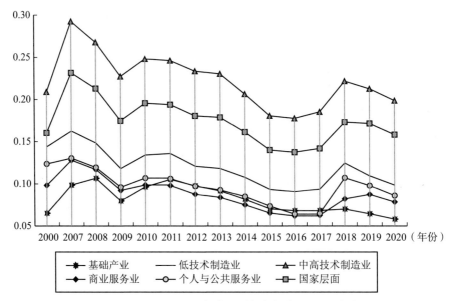

图 3 - 12　2000 ~ 2020 年中国后向参与度（Borin 框架）

从变动趋势来看，中国五个产业和国家层面在2000～2009年总体上呈倒"U"型趋势；在2009年之后，中高技术制造业、国家层面、低技术制造业、个人与公共服务业、商业服务业总体上呈"M"型变动，基础产业基于贸易的后向参与程度越来越低。

3. 基于贸易的总参与度

图3-13为中国五个产业和国家层面基于贸易的总参与度。中高技术制造业的总参与度最高，基础产业先上升后下降，且下降幅度最大；个人与公共服务业呈先下降后上升的趋势，且上升幅度最大。大多数年份中高技术制造业和基础产业基于贸易的总参与度高于国家层面的水平。

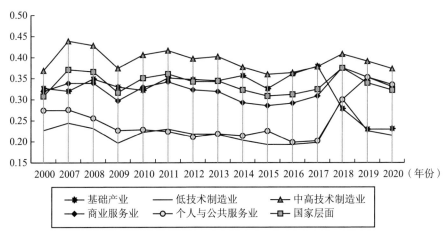

图3-13 2000～2020年中国总参与度（Borin框架）

4. 价值链地位

图3-14为中国五个产业和国家层面的全球价值链地位指数。地位指数的数值从大到小依次为基础产业、商业服务业、个人与公共服务业、国家层面、低技术制造业、中高技术制造业；前三者均为正值；国家层面、低技术制造业在2014年之前为负值，2014年之后为正值；中高技术制造业仅在个别年份为正值，其他年份均为负值。

从变动趋势来看，中国五个产业和国家层面的全球价值链地位波动幅度较大。其中，基础产业变动幅度较大；商业服务业、国家层面、低技术制造业总体上呈先上升后下降趋势；个人与公共服务业总体上呈上升趋势；中高技术制造业呈"W"型变动趋势。

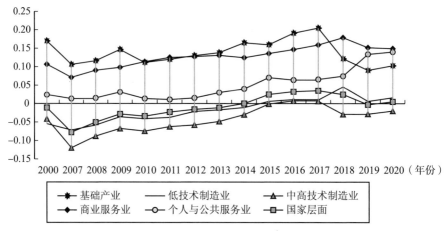

图 3 – 14   2000 ~ 2020 年中国全球价值链地位（Borin 框架）

二、参与 GVC 短链化

（一）前向分解

1. 价值链生产长度

图 3 – 15 为中国五个产业和国家层面的全球价值链生产长度。基础产业的生产长度最高，其次为个人与公共服务业；2017 年之前低技术制造业的生产长度高于国家层面与商业服务业；2017 年之后商业服务业的生产长度高于国家层面与低技术制造业；中高技术制造业的全球价值链生产长度最低；从变动趋势来看，基础产业、个人与公共服务业、商业服务业、国家层面总体呈上升趋势；低技术制造业、中高技术制造业总体上呈先上升后下降的趋势。

2. 跨境生产长度

图 3 – 16 为中国五个产业和国家层面的跨境生产长度。中高技术制造业的跨境生产长度最大，其次为商业服务业，且均高于国家层面，之后依次为基础产业、个人与公共服务业，低技术制造业的跨境生产长度最低。从变动趋势来看，中国五个产业和国家层面的跨境生产长度波动较大，2018 年前总

体上升，2018 年后呈下降之势。

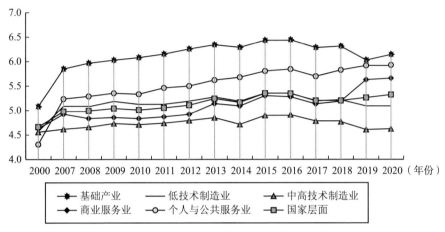

图 3 - 15　2000～2020 年中国前向全球价值链生产长度

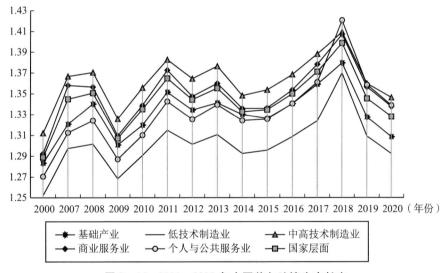

图 3 - 16　2000～2020 年中国前向跨境生产长度

3. 原产国生产长度

图 3 - 17 为中国五个产业和国家层面的原产国生产长度。2007～2018 年基础产业最高，其次为个人与公共服务业与低技术制造业，且均高于国家层

面；之后依次为商业服务业、中高技术制造业；2018 年之后，中国五个产业和国家层面的原产国生产长度从大到小依次为基础产业、个人与公共服务业、商业服务业、国家层面、低技术制造业与中高技术制造业。

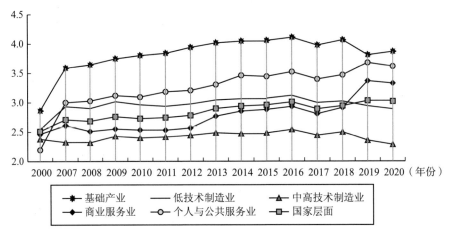

图 3 – 17 2000 ~ 2020 年中国前向原产国生产长度

从变动趋势来看，基础产业、个人与公共服务业、国家层面、商业服务业总体上呈上升趋势，低技术制造业在 2000 ~ 2007 年呈上升趋势，2007 年之后围绕数值 3 上下波动；中高技术制造业总体呈先上升后下降的趋势。

4. 需求国生产长度

图 3 – 18 为中国五个产业和国家层面的需求国生产长度。商业服务业的需求国生产长度最大，低技术制造业的需求国生产长度最小；其他部门的需求国生产长度相近。从变动趋势来看，中国五个产业和国家层面总体上波动趋势相近，2013 年之前总体上均呈波动上升的趋势，2013 年之后，除个人与公共服务业变动呈 "WV" 型外，其余部门均呈 "W" 型变动之势。

5. 传统贸易生产长度

图 3 – 19 为中国五个产业和国家层面的传统贸易生产长度。基础产业的传统贸易生产长度最高，其次为个人与公共服务业、商业服务业，且均高于国家层面；低技术制造业和中高技术制造业的传统贸易生产长度最低。从变动趋势来看，基础产业总体上呈倒 "U" 型趋势；个人与公共服务业在 2000 ~

2007年呈上升趋势,2007~2018年较为平缓,2018年之后呈上升趋势;商业服务业总体上呈上升趋势;低技术制造业在2017年之前总体上呈上升趋势,在2017年之后呈倒"V"型趋势;国家层面总体呈上升趋势;中高技术制造业的变动较为平缓。

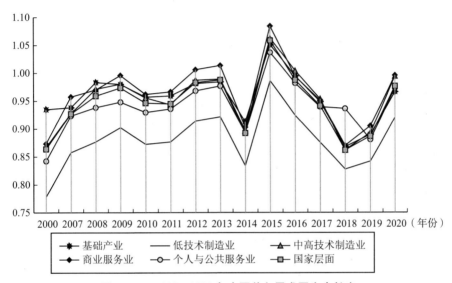

图3-18 2000~2020年中国前向需求国生产长度

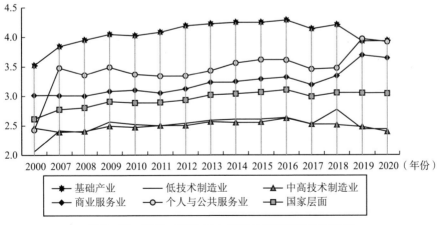

图3-19 2000~2020年中国前向传统贸易生产长度

6. 国内生产长度

图 3 – 20 为中国五个产业和国家层面的国内生产长度。基础产业最大，其次为中高技术制造业、商业服务业，且均高于国家层面；之后依次为低技术制造业、个人与公共服务业。从变动趋势来看，基础产业总体上呈上升趋势；中高技术制造业的变动较为平缓，围绕数值 3 波动；商业服务业、国家层面、低技术制造业总体呈上升趋势；个人与公共服务业在 2018 年之前较为平缓，2018 年后呈上升趋势。

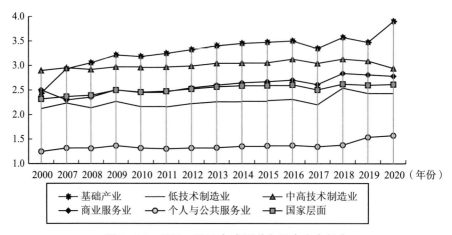

图 3 – 20 2000 ~ 2020 年中国前向国内生产长度

7. 总生产长度

图 3 – 21 为中国五个产业和国家层面的前向总生产长度。基础产业最高，其次为中高技术制造业、商业服务业，且均高于国家层面；之后依次为低技术制造业和个人与公共服务业。从变动趋势来看，基础产业的变动总体呈上升趋势；中高技术制造业、国家层面的变动较为平缓；商业服务业总体有轻微上升趋势；低技术制造业变动较为平缓；个人与公共服务业在 2018 年之前较为平缓，在 2018 年之后呈上升趋势。

（二）后向分解

1. 价值链生产长度

图 3 – 22 为中国五个产业和国家层面的全球价值链生产长度。低技术制造业最高，基础产业最低，其余部门相近。从变动趋势来看，中国五个产业

和国家层面的全球价值链生产长度总体上呈倒"U"型趋势。

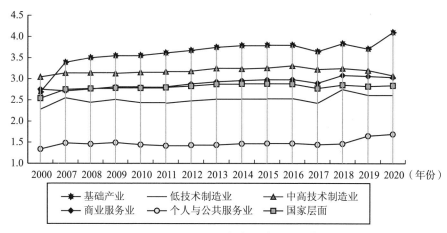

图 3-21 2000~2020 年中国前向总生产长度

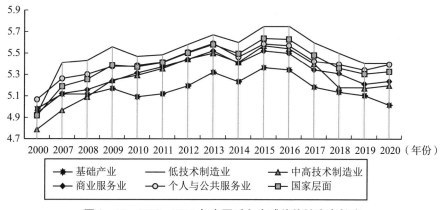

图 3-22 2000~2020 年中国后向全球价值链生产长度

2. 跨境生产长度

图 3-23 为中国五个产业和国家层面的跨境生产长度。中高技术制造业的跨境生产长度最高，且高于国家层面，其次为商业服务业和个人与公共服务业，且二者的跨境生产长度相近。之后依次为低技术制造业和基础产业。从变动趋势上看，中国五个产业和国家层面的跨境生产长度变动趋势相近，均呈"MM"型趋势。

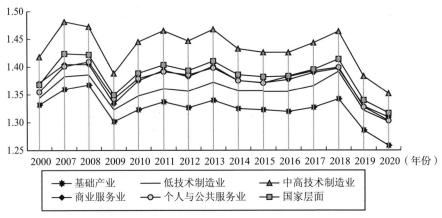

图 3 - 23　2000～2020 年中国后向跨境生产长度

3. 原产国生产长度

图 3 - 24 为中国五个产业和国家层面的原产国生产长度。中高技术制造业的原产国生产长度最高，且高于国家层面，之后依次为低技术制造业、个人与公共服务业、商业服务业，基础产业的原产国生产长度最低。从变动趋势来看，中国五个产业和国家层面的原产国生产长度的变动均相近，总体上呈"NWV"型的变动趋势。

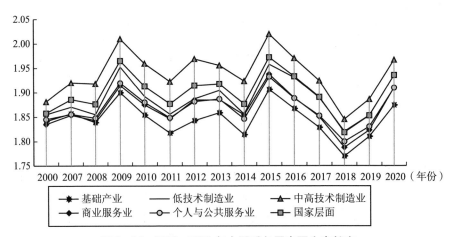

图 3 - 24　2000～2020 年中国后向原产国生产长度

4. 需求国生产长度

图3－25为中国五个产业和国家层面的需求国生产长度。低技术制造业最高，之后依次为个人与公共服务业、国家层面、商业服务业、基础产业和中高技术制造业。从变动趋势来看，中国五个产业和国家层面的需求国生产长度总体上呈倒"U"型变动趋势。

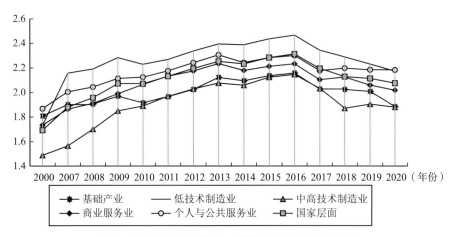

图3－25 2000～2020年中国后向需求国生产长度

5. 传统贸易生产长度

图3－26为中国五个产业和国家层面的传统贸易生产长度。中高技术制造业最高，且高于国家层面；之后依次为低技术制造业、个人与公共服务业、商业服务业、基础产业。从变动趋势来看，中高技术制造业、国家层面总体上呈上升趋势，低技术制造业、基础产业的变动趋势总体上呈倒"U"型趋势，个人与公共服务业在2000～2007年呈下降趋势，2007～2015年变动较为平缓，在2015年之后呈倒"N"型趋势；商业服务业在2017年之前较为平缓，在2017年之后呈"V"型趋势。

6. 国内生产长度

图3－27为中国五个产业和国家层面的国内生产长度。中高技术制造业最高，低技术制造业较高，且均高于国家层面；之后依次为个人与公共服务业、基础产业、商业服务业。从变动趋势来看，中高技术制造业、低技术制

造业、国家层面、个人与公共服务业总体呈上升趋势，基础产业和商业服务业的变动较为平缓。

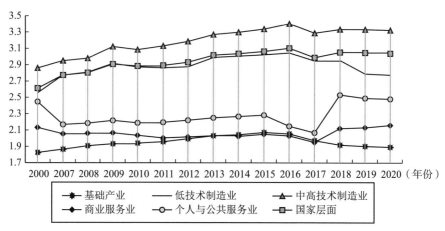

图 3 - 26　2000～2020 年中国后向传统贸易生产长度

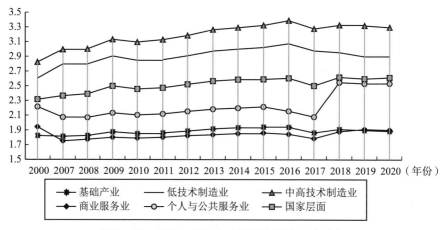

图 3 - 27　2000～2020 年中国后向国内生产长度

7. 总生产长度

图 3 - 28 为中国五个产业和国家层面的后向总生产长度。中高技术制造业最高，低技术制造业较高，且前两者均高于国家层面；之后依次为个人与公共服务业、基础产业、商业服务业。从变动趋势来看，中高技术制造业总

体呈上升趋势；低技术制造业、国家层面、基础产业、商业服务业的变动较为平缓；个人与公共服务业在 2015 年之前较为平缓，在 2015 年之后呈在波动中下降之势。

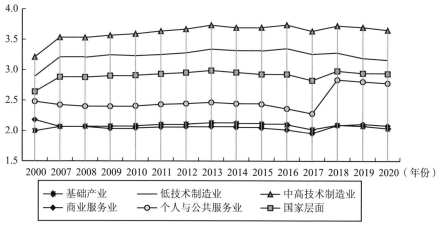

图 3－28　2000～2020 年中国后向总生产长度

第三节

美国参与全球价值链发展趋势

一、美国参与 GVC 的程度与地位

（一）WWZ 分解框架

1. 参与度与地位

（1）前向参与度。如图 3－29 所示，从国家层面来看，美国在全球价值链中的前向参与度在 2000～2020 年小幅波动。从五个产业层面来看，基础产业和中高技术制造业在全球价值链中的前向参与度高于国家总体水平，而其他三个部门均低于国家总体水平。其中，中高技术制造业在全球价值链中的前向参与度在 2018 年达到峰值后呈下降趋势。基础产业在全球价值链中的前

向参与度在 2000～2017 年呈波动上升趋势，2018 年开始以较快速度持续增长，并在 2019 年超过中高技术制造业。低技术制造业和商业服务业在全球价值链中的前向参与度波动幅度较小。个人与公共服务业在全球价值链中的前向参与度基本平稳，远低于其他部门。

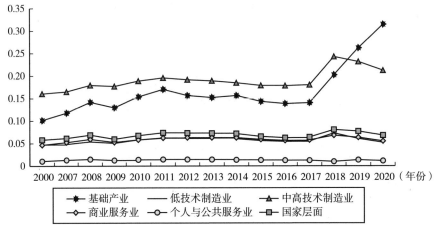

图 3－29　2000～2020 年美国前向参与度（WWZ 框架）

（2）后向参与度。根据图 3－30，从国家层面来看，美国在全球价值链中的后向参与度在 2000～2020 年有所波动但总体稳定，最大波幅为 0.02。从五个产业层面来看，基础产业和中高技术制造业在全球价值链中的后向参与度高于国家总体水平，而其他产业均低于国家总体水平。此外，五个产业在全球价值链中的后向参与度最大值均出现在 2008 年且均在 2009 出现最大降幅。其中，中高技术制造业在全球价值链中的后向参与度远高于其他部门。个人与公共服务业和商业服务业在全球价值链中的后向参与度变化幅度也很小。

（3）总参与度。根据图 3－31，从国家层面来看，美国在全球价值链中的总参与度在 2000～2020 年波动幅度较小。从五个产业的层面来看，基础产业、低技术制造业和中高技术制造业在全球价值链中的总参与度高于国家总体水平，而其他两个行业均低于国家总体水平。其中，中高技术制造业在全球价值链中的总参与度在 2000～2018 年呈波动上升趋势，自 2019 年开始呈小幅下降趋势。基础产业在全球价值链中的总参与度自 2018 年起开始以较快速度持续增长，并在 2020 年超过中高技术制造业。低技术制造业、商业服务业和个人与公共服务业在全球价值链中的总参与度较为稳定。个人与公共服务业在全球价值链中的总参与度一直最低。

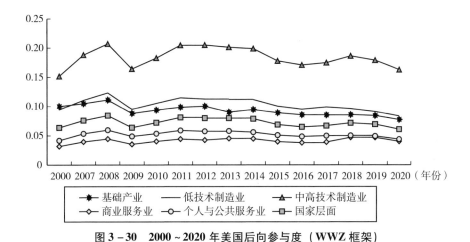

图 3-30　2000～2020 年美国后向参与度（WWZ 框架）

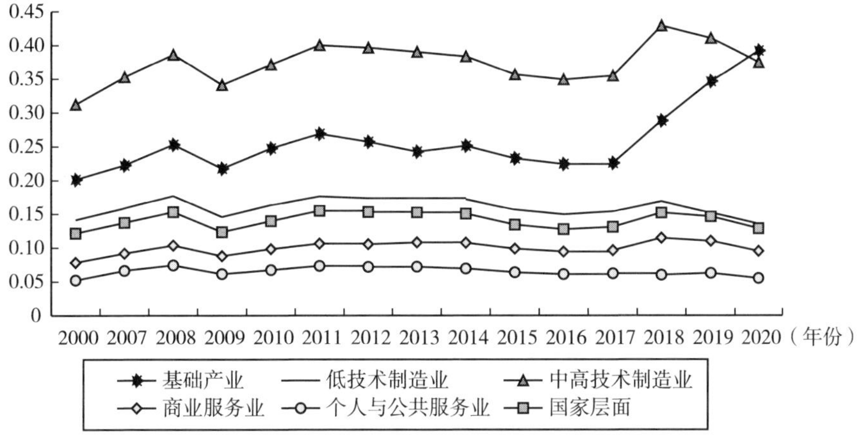

图 3-31　2000～2020 年美国总参与度（WWZ 框架）

（4）GVC 地位。根据图 3-32，从国家层面来看，美国在全球价值链中的地位指数在2008年首次为正，但在2019年和2020年稍有下降。从五个产业的层面来看，自2007年起，基础产业在全球价值链中的地位指数最高，且在2000～2011年小幅持续上升，2011～2017年较为平稳，2018年起快速持续增长，远高于其他部门。中高技术制造业在全球价值链中的地位指数在2009～2018年呈"U"变化趋势。商业服务业位置指数一直保持在0.015左右，基本平稳。低技术制造业和个人与公共服务业在全球价值链中的地位一直较低，低于国家总体水平。

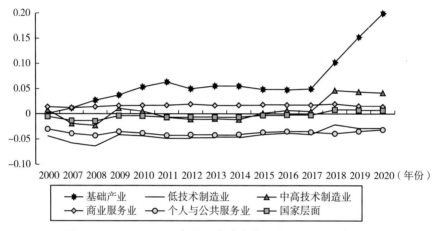

图3-32 2000～2020年美国全球价值链地位（WWZ框架）

2. 上游度

根据图3-33，从国家层面来看，美国的上游度在2000～2020年总体稳定，没有较大的波动。从五个产业的层面来看，基础产业、中高技术制造业和商业服务业的上游度高于国家总体水平，其他两个产业的上游度都低于国家总体水平。其中，基础产业的上游度一直最高，并在2018～2020年呈明显上升趋势。中高技术制造业的上游度仅次于基础产业但无大幅波动，总体平稳。商业服务业的上游度略高于国家总体水平，无大幅波动。低技术制造业的上游度略低于国家总体水平并保持稳定。个人和公共服务部门的上游度远低于其他产业并保持平稳。

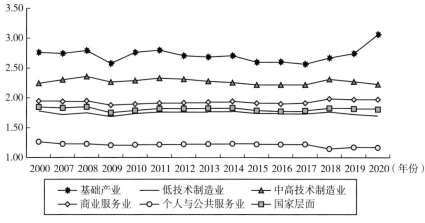

图 3 - 33　2000 ~ 2020 年美国上游度（WWZ 框架）

3. 生产长度与地位

（1）前向生产长度。根据图 3 - 34，从国家层面来看，美国的前向价值链生产长度呈波动下降的趋势。从五个产业的层面来看，商业服务业和低技术制造业的前向价值链生产长度高于国家总体水平，其他三个产业的前向生产长度低于国家总体水平。其中，商业服务业的前向价值链生产长度最长，呈波动上升趋势。低技术制造业的前向价值链生产长度仅次于商业服务业，走势和商业服务业基本相同。基础产业的前向价值链生产长度在 2009 ~ 2017 年呈倒 "U" 型变化趋势，2019 年降幅明显，2020 年又有所回升。个人与公共服务业的前向价值链生产长度在 2018 年大幅下降，并在 2019 年持续下降到最低。个人和公共服务业的前向价值链生产长度最短，远小于其他产业。

（2）后向生产长度。根据图 3 - 35，从国家层面来看，美国的后向生产长度在 2009 ~ 2019 年呈现出倒 "U" 型趋势，波动幅度较大。从五个产业的层面来看，2000 ~ 2017 年后向生产长度最大的一直是商业服务业，最小的是基础产业。商业服务业和个人与公共服务业的后向生产长度与国家总体水平的走势基本一致，在 2009 ~ 2019 年呈现出倒 "U" 型趋势，波动幅度较大。低技术制造业的后向生产长度在 2010 ~ 2017 年呈现倒 "U" 型趋势。中高技术制造业和基础产业的后向生产长度一直小于国家总体水平，呈波动上升趋势，基础产业的后向生产长度在 2017 年后呈大幅增长之势。

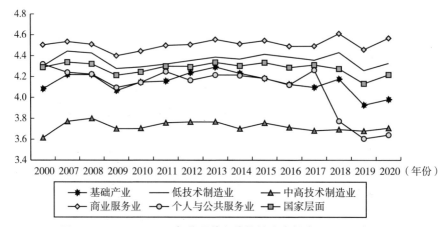

图 3 - 34　2000～2020 年美国前向价值链生产长度（WWZ 框架）

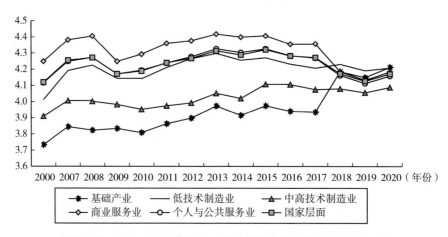

图 3 - 35　2000～2020 年美国后向价值链生产长度（WWZ 框架）

（3）GVC 地位（前后生产长度之比）。根据图 3 - 36，从国家层面来看，美国在全球价值链中的地位指数在 2000～2016 年波动下降，自 2017 年开始有较大幅度增加，但总体变化幅度不大，地位指数始终在 1 以下。从五个产业的层面来看，基础产业在全球价值链中的地位指数在 2000～2017 年一直最高，自 2018 年开始大幅持续下降。个人与公共服务业在全球价值链中的地位指数在 2007～2018 年小幅波动上升，2019 年出现较大幅度下降。商业服务业在全球价值链中的地位指数在 2018 年出现较大涨幅，并在 2019 年和 2020 年持续增加。低技术制造业在全球价值链中的地位指数在 2000～2020 年总体呈现"U"型趋势。中高技术制造业在全球价值链中的地位指数在 2012～2019 年呈现"U"型趋势。

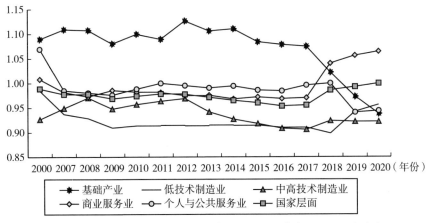

图 3－36   2000～2020 年美国全球价值链位置指数（WWZ 框架）

（二）Borin 分解框架

1. 前向参与度

根据图 3－37，从国家总体层面来看，美国在全球价值链中的前向参与度呈波动上升趋势，波动幅度较小。从五个产业的层面来看，基础产业在全球价值链中的前向参与度在 2018 年涨幅较大，2019 年、2020 年和 2018 年基本持平。低技术制造业在全球价值链中的前向参与度在 2000～2018 年呈"U"型变化趋势，2019 年和 2020 年连续下降，在五个产业中几乎一直最低。中高技术制造业在全球价值链中的前向参与度在 2000～2017 年呈"U"型变化趋势，之后三年连续下降。商业服务业在全球价值链中的前向参与度在 2000～2017 年波动上升，2018 年和 2019 年连续下降，2020 年有所回升。个人与公共服务业在全球价值链中的前向参与度在 2008～2017 年上下波动但基本无增减，2018 年大幅下降，降为五个产业中的最低。

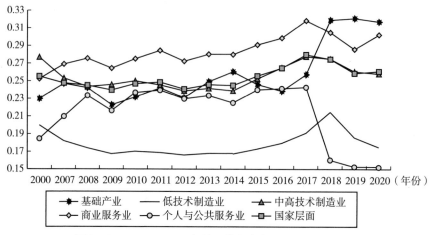

图 3 - 37   2000 ~ 2020 年美国前向参与度（Borin 框架）

2. 后向参与度

根据图 3 - 38，从国家层面来看，美国在全球价值链中的后向参与度在 2000 ~ 2020 年有所波动但总体稳定。从五个产业的层面来看，中高技术制造业在全球价值链中的后向参与度远高于其他产业，波动幅度较大，先后在 2009 年和 2016 年出现低谷。低技术制造业在全球价值链中的后向参与度与国家总体水平基本一致。基础产业在全球价值链中的后向参与度呈现波动下降

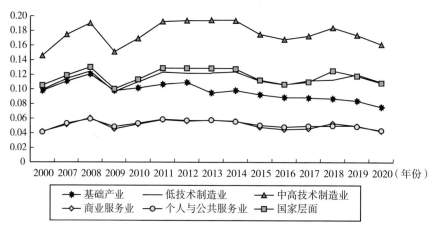

图 3 - 38   2000 ~ 2020 年美国后向参与度（Borin 框架）

的趋势，尤其是自 2014 年以来持续下降。商业服务业和个人与公共服务业在全球价值链中的后向参与度一直最低，有所波动但基本平稳。

3. 总参与度

根据图 3 - 39，从国家总体层面来看，美国在全球价值链中的总参与度呈小幅波动上升趋势。从五个产业的层面来看，中高技术制造业在全球价值链中的总参与度最高，且在波动中总体上升。基础产业和商业服务业在全球价值链中的总参与度也呈波动上升趋势，波动幅度较大。低技术制造业在全球价值链中的总参与度在 2008~2018 年呈"U"型变化。个人与公共服务业在全球价值链中的总参与度在 2007 年和 2008 年连续上升，之后保持稳定，又在 2018 年大幅下降。

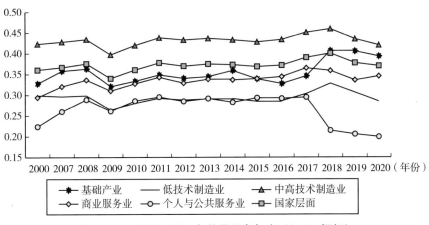

图 3 - 39　2000~2020 年美国总参与度（Borin 框架）

4. GVC 地位

根据图 3 - 40，从国家总体层面来看，美国的地位指数呈小幅波动上升趋势。从五个产业的层面来看，商业服务业的地位指数一直保持最高，2017 年达到顶峰。个人与公共服务业的位置指数在 2000~2017 年保持平稳，2018 年大幅下降。基础产业的位置指数呈波动上升趋势，2018 年涨幅最大。低技术制造业和中高技术制造业的位置指数相差不多，在 2009~2017 年都呈"U"型变化趋势。

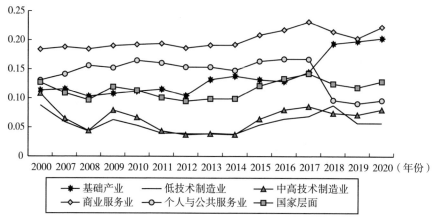

图 3 - 40 2000～2020 年美国全球价值链地位（Borin 框架）

二、参与 GVC 短链化

（一）前向分解

1. 价值链生产长度

根据图 3 - 41，从全国层面来看，美国的前向全球价值链生产长度自 2000 年以来呈波动上升趋势，波动幅度较小。从五个产业的层面来看，五个产业的前向全球价值链生产长度普遍上下波动且波动幅度较大。基础产业的前向全球价值链生产长度在 2013 年之前波动上升，2013 年之后波动下降。商业服务业总体呈波动上升趋势。个人与公共服务业的前向全球价值链生产长度在 2009～2019 年呈倒"U"型趋势，总体呈下降趋势。低技术制造业的前向全球价值链生产长度在 2009 年和 2018 年先后出现两次低谷，2019 年和 2020 年连续上升。中高技术制造业在 2007 年的前向全球价值链生产长度较 2000 年明显增长，之后 2007～2020 年上下波动但基本在同一水平，无明显增长趋势。

2. 跨境生产长度

根据图 3 - 42，从国家层面来看，美国的前向跨境生产长度在 2017 年之前呈波动上升趋势，2017 年之后呈波动下降趋势，上下波动幅度大。从五个产业的层面来看，各产业的前向跨境生产长度走势与国家总体层面走势大致相同。商业服务业和个人与公共服务业的前向跨境生产长度在 2017 年之前呈波动上升趋势，2017 年之后呈波动下降趋势，上下波动幅度较大。而中高技术制造业、基础产业和低技术制造业的最高值则出现在 2018 年。此外，五个产业中 2017 年以前的前向跨境生产长度值最高的是商业服务业，2017 年之后最高的是中高技术制造业，最低的几乎始终是低技术制造业。

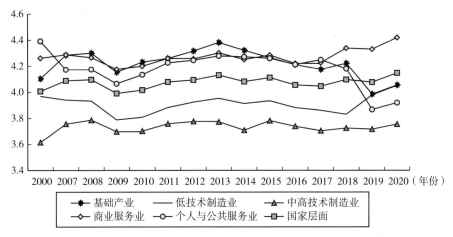

图 3 - 41　2000 ~ 2020 年美国前向全球价值链生产长度

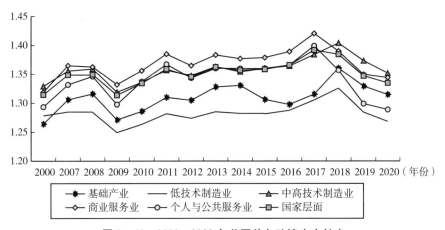

图 3 - 42　2000 ~ 2020 年美国前向跨境生产长度

3. 原产国生产长度

根据图 3 - 43，从国家层面来看，美国的前向原产国生产长度呈波动下降趋势，但波动幅度很小。从五个产业的层面来看，个人与公共服务业的前向原产国生产长度呈波动下降趋势且波动幅度较大。商业服务业的前向原产国生产长度在五部门中相对较高，呈"U"型变化趋势，但变化幅度较小。基础产业的前向原产国生产长度呈波动下降趋势且波动幅度较大。低技术制造业的前向原产国生产长度在 2009 年和 2018 年出现两次低谷，但变化幅度较小。中高技术制造业的前向原产国生产长度明显低于其他部门，整体较为平缓，但呈下降趋势。

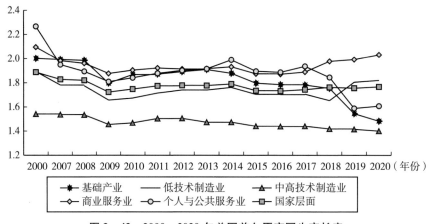

图 3 - 43　2000 ~ 2020 年美国前向原产国生产长度

4. 需求国生产长度

根据图 3 - 44，从国家层面来看，美国的前向需求国生产长度呈波动上升趋势，在 2015 年出现明显峰值，2015 ~ 2020 年呈"U"型趋势，总体变化幅度较大。从五个产业的层面来看，各部门与国家总体趋势一致，也都在 2015 年出现明显峰值。此外，基础产业的前向需求国生产长度最高且上升幅度最大，低技术制造业的前向需求国生产长度最低。

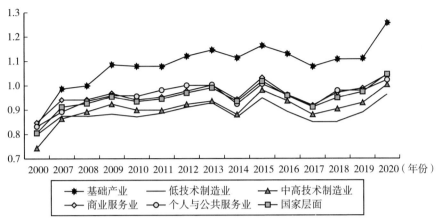

图 3 – 44　2000～2020 年美国前向需求国生产长度

5. 传统贸易生产长度

根据图 3 – 45，从国家层面来看，美国的前向传统贸易生产长度呈波动下降趋势，但波动幅度很小。从五个产业的层面来看，基础产业的前向传统贸易生产长度最高，呈波动下降趋势，变化幅度较大。商业服务业的前向传统贸易生产长度在五个产业中相对较高，呈"U"型趋势，但变化幅度较小。个人与公共服务业的前向传统贸易生产长度呈波动下降趋势且波动幅度较大。低技术制造业的前向传统贸易生产长度在 2009 年和 2018 年出现两次低谷，但变化幅度较小。中高技术制造业的前向传统贸易生产长度明显低于其他部门，整体较为平缓，但呈下降趋势。

6. 国内生产长度

根据图 3 – 46，从国家层面来看，美国的前向国内生产长度保持平稳，几乎无变化。从五个产业的层面来看，基础产业的前向国内生产长度最高，个人与公共服务业的前向国内生产长度最低，各产业的前向国内生产长度都有差距。基础产业的前向国内生产长度在 2000～2019 年波动下降，波动幅度较小，但在 2020 年出现较大幅度增长。中高技术制造业、低技术制造业和个人与公共服务业的前向国内生产长度呈下降趋势，但变化缓慢。商业服务业的前向国内生产长度呈"U"型趋势，但变化幅度极小。

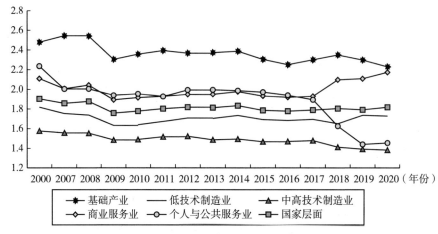

图3-45   2000~2020年美国前向传统贸易生产长度

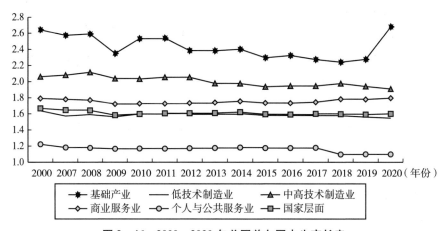

图3-46   2000~2020年美国前向国内生产长度

7. 总生产长度

根据图3-47，从国家层面来看，美国的前向总生产长度保持平稳，几乎无变化。从五个产业的层面来看，基础产业的前向总生产长度最高，个人与公共服务业的前向总生产长度最低，各产业的前向总生产长度都有差距。基础产业的前向总生产长度在2011~2020年呈"U"型趋势，变化幅度较小。中高技术制造业、低技术制造业和个人与公共服务业的前向总生产长度呈下降趋势，但变化缓慢。商业服务业的前向总生产长度呈"U"型趋势，但幅度极小。

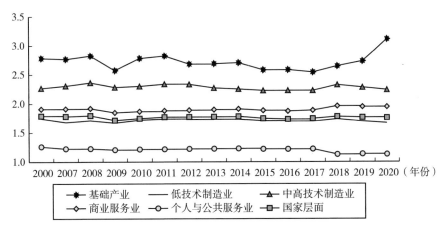

图 3 – 47　2000～2020 年美国前向总生产长度

（二）后向分解

1. 价值链生产长度

根据图 3 – 48，从国家层面来看，美国的后向全球价值链生产长度在 2009～2019 年呈倒 "U" 型趋势，2015 年出现峰值。从五个产业的层面来看，2017 年之前，商业服务业的后向全球价值链生产长度最高，基础产业的后向全球价值链生产长度最低，各部门变化幅度都较大。商业服务业的后向全球价值链生产长度在 2009 年和 2018 年出现较大幅度下降，2009～2019 年呈倒 "U" 型趋势。低技术制造业和个人与公共服务业的后向全球价值链生产长度在 2009～2019 年呈倒 "U" 型趋势，变化较为平缓。中高技术制造业的后向全球价值链生产长度呈波动上升趋势，波动幅度较大。基础产业的后向全球价值链生产长度呈波动上升趋势，在 2018 年和 2020 年两次大幅度增长。

2. 跨境生产长度

根据图 3 – 49，从国家总体层面来看，美国的后向跨境生产长度在 2008 年和 2018 年达到峰值，2009 年到低谷，2010～2018 年持续上升，2019 年和 2020 年连续下降。从五个产业的层面来看，各产业的后向跨境生产长度走势与国家总体层面走势基本一致。其中，后向跨境生产长度最高的是中高技术制造业，最低的是基础产业。

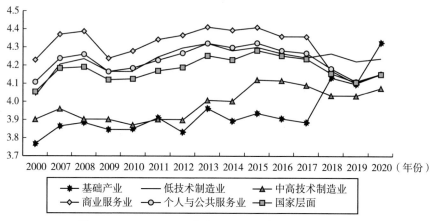

图3-48　2000~2020年美国后向全球价值链生产长度

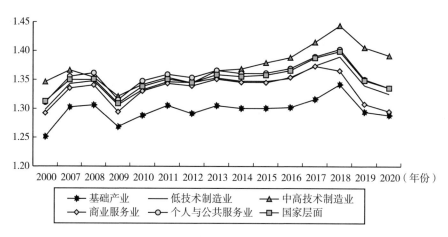

图3-49　2000~2020年美国后向跨境生产长度

3. 原产国生产长度

根据图3-50，从国家总体层面来说，在2015年之前，美国的后向原产国生产长度呈波动上升趋势，2016年开始下降，2018年最低，2019年和2020年又回升至2016年的水平。从五个产业的层面来看，各产业的后向原产国生产长度走势与国家总体层面走势基本一致。其中，后向原产国生产长度最高的是中高技术制造业，最低的是基础产业。

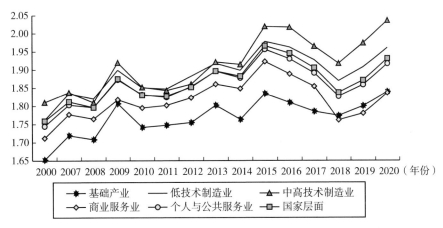

图 3 - 50 2000～2020 年美国后向原产国生产长度

4. 需求国生产长度

根据图 3 - 51，从国家层面来看，美国的后向需求国生产长度呈波动下降趋势，变化幅度较大。从五个产业的层面来看，商业服务业的后向需求国生产长度最高，中高技术制造业的后向需求国生产长度最低。商业服务业的后向需求国生产长度在 2019 年之前呈波动下降趋势，下降幅度较大，2020 年有所回升。商业服务业和低技术制造业的后向需求国生产长度呈波动下降趋势，波动幅度较小。基础产业的后向需求国生产长度在 2000～2017 年上下波动，2018 年和 2020 年出现大幅增加。中高技术制造业的后向需求国生产长度呈波动下降趋势，变化幅度较小。

5. 传统贸易生产长度

根据图 3 - 52，从国家层面来看，美国的后向传统贸易生产长度在 2009 年之前波动下降，波动幅度较小；2009 年之后波动上升，波动幅度很小。从五个产业的层面来看，2000～2017 年后向传统贸易生产长度最高的一直是低技术制造业，商业服务业和个人与公共服务业最低。低技术制造业的后向传统贸易生产长度在 2009 年和 2018 年两次出现低谷，2014 年出现峰值。中高技术制造业的后向传统贸易生产长度呈波动下降趋势。基础产业的后向传统贸易生产长度呈"U"型趋势。个人与公共服务业的后向传统贸易生产长度在 2018 年大幅波动，其他年份较为平稳。商业服务业的后向传统贸易生产长度呈波动下降趋势。

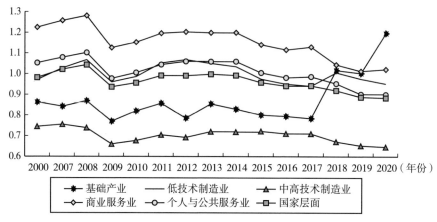

图 3 - 51　2000 ~ 2020 年美国后向需求国生产长度

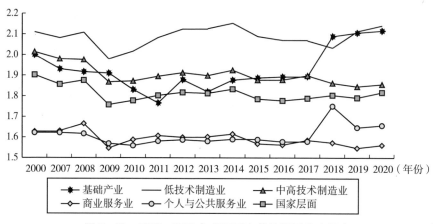

图 3 - 52　2000 ~ 2020 年美国后向传统贸易生产长度

6. 国内生产长度

根据图 3 - 53，从国家层面来看，美国的后向国内生产长度呈波动下降趋

势，变化幅度很小。从五个产业的层面来看，总体上中高技术制造业的后向
国内生产长度最高，商业服务业和个人与公共服务业的后向国内生产长度最
低。中高技术制造业的后向国内生产长度在 2000~2009 年连续下降，之后呈
波动上升趋势。低技术制造业的后向国内生产长度仅次于中高技术制造业，
呈波动下降趋势。基础产业的后向国内生产长度呈"U"型趋势，变化幅度
较大，最小值出现在 2012 年。商业服务业和个人与公共服务业的后向国内生
产长度上下波动幅度较小。

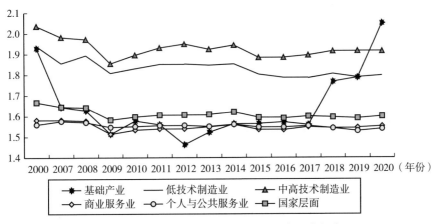

图 3 - 53　2000~2020 年美国后向国内生产长度

7. 总生产长度

根据图 3 - 54，从国家层面来看，美国的后向总生产长度呈波动下降趋
势，变化幅度很小。从五个产业的层面来看，中高技术制造业的后向总生产
长度最高，商业服务业和个人与公共服务业的后向总生产长度最低。中高技
术制造业的后向总生产长度在 2009 年出现最小值，之后呈波动上升趋势。低
技术制造业的后向总生产长度仅次于中高技术制造业，呈波动下降趋势。基
础产业的后向总生产长度呈"U"型趋势，变化幅度较大，最小值出现在
2012 年。商业服务业和个人与公共服务业的后向总生产长度上下波动，但幅
度很小，较为平稳。

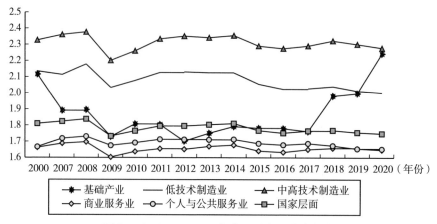

图 3 - 54　2000～2020 年美国后向总生产长度

第四节

德国参与全球价值链发展趋势

一、德国参与 GVC 的程度与地位

（一）WWZ 分解框架

1. 参与度与地位

（1）前向参与度。如图 3 - 55 所示，2000～2020 年德国前向参与度总体呈逐步上升趋势，其中中高技术制造业前向参与度最高，从 0.31 增长到 0.43；其次是基础产业前向参与度较高，从 0.17 增长到 0.35；低技术制造业和商业服务业前向参与度在 0.2 上下浮动；个人与公共服务业前向参与度最低，基本处于 0.05 以下的水平。以上表明德国五个产业中中高技术制造业前向参与度指数最大，处于全球价值链的上游，并且随着时间推移逐步提升。

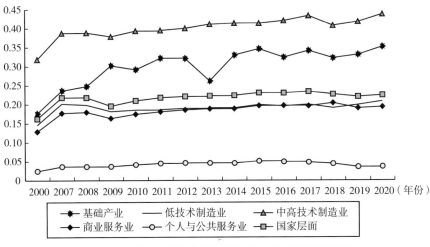

图 3 - 55 2000 ~ 2020 年德国前向参与度（WWZ 框架）

（2）后向参与度。如图 3 - 56 所示，2000 ~ 2020 年德国后向参与度总体呈逐步上升趋势，其中 2009 年和 2020 年下降。2000 ~ 2019 年德国中高技术制造业后向参与度最高，从 0.26 增长到 0.40；其次是低技术制造业，从 0.18 增长到 0.28；商业服务业后向参与度较低，而个人与公共服务业最低，处于 0.05 ~ 0.1。

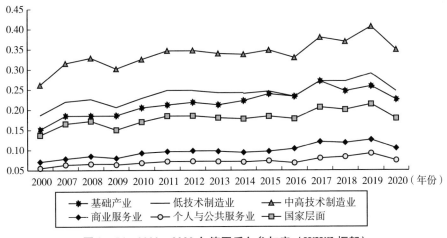

图 3 - 56 2000 ~ 2020 年德国后向参与度（WWZ 框架）

（3）总参与度。如图 3 – 57 所示，2000～2020 年德国总参与度总体呈小幅度上升趋势，其中中高技术制造业总参与度指数最大，其次是基础产业，而个人与公共服务业总参与度指数最低，说明德国五个产业中中高技术制造业参与全球生产的程度最深。

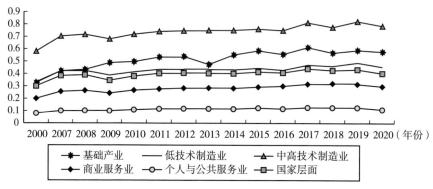

图 3 – 57　2000～2020 年德国总参与度（WWZ 框架）

（4）价值链地位指数。如图 3 – 58 所示，2000～2016 年德国五个产业的 GVC 地位指数总体来说在 2016～2019 年出现下降，2020 年有所回升。2000～2020 年德国基础产业、商业服务业、中高技术制造业以及国家总体 GVC 地位指数为正值，而个人与公共服务业和低技术制造业 GVC 地位指数为负值。以上表明德国基础产业、商业服务业、中高技术制造业以及国家总体的间接增加值高于外国增加值，处于价值链的上游，而个人与公共服务和低技术制造业间接增加值低于外国增加值，处于价值链的下游。

2. 上游度

如图 3 – 59 所示，德国五个产业的上游度在 2000～2015 年总体呈波动上升趋势，2015～2020 年呈下降趋势。德国基础产业的上游度最高，其次分别是商业服务业和中高技术制造业，低技术制造业上游度较低，个人与公共服务业上游度最低，在 1～1.5 波动。以上表明德国五个产业中基础产业、商业服务业和中高技术制造业相对处于生产链的上游位置，且呈先上升后下降的变化趋势。

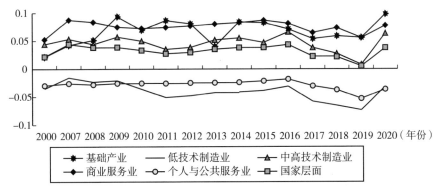

图 3 – 58　2000 ~ 2020 年德国全球价值链地位（WWZ 框架）

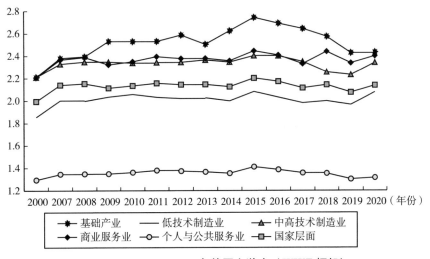

图 3 – 59　2000 ~ 2020 年德国上游度（WWZ 框架）

3. 生产长度与地位

（1）前向价值链生产长度。如图 3 – 60 所示，德国个人与公共服务业前向价值链生产长度最大，且 2008 ~ 2019 年呈总体波动下降趋势，表明德国个人与公共服务业参与前向价值链生产所经历的阶段数最多且逐渐减少；其次是商业服务业；低技术制造业前向价值链生产长度处于中等水平；基础产业前向价值链生产长度较小；中高技术制造业前向价值链生产长度最小。

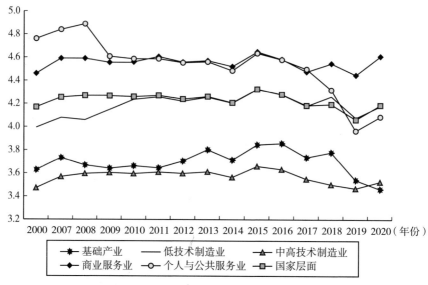

图 3-60   2000~2020 年德国前向价值链生产长度（WWZ 框架）

（2）后向价值链生产长度。如图 3-61 所示，2000~2015 年德国五个产业的后向价值链生产长度总体呈波动上升趋势，在 2015 年后德国五个产业的后向价值链生产长度出现明显的下降趋势，表明德国参与后向价值链生产所经历的阶段数逐渐增多又减少。其中商业服务业后向价值链生产长度最大；其次是个人与公共服务业；基础产业、中高技术制造业、低技术制造业后向价值链生产长度则较小。

（3）位置（前后向生产长度求得）。如图 3-62 所示，德国五个产业的 GVC 位置指数由大到小依次为个人与公共服务业、商业服务业、低技术制造业、基础产业以及中高技术制造业。德国个人与公共服务业 GVC 位置指数总体呈下降趋势，其余部门则较为平稳。此外，德国个人与公共服务业、商业服务业和低技术制造业 GVC 位置指数都大于 1，表明这些部门前向价值链生产长度大于后向价值链生产长度；基础产业和中高技术制造业 GVC 位置指数都小于 1，表明这些部门前向价值链生产长度小于后向价值链生产长度。

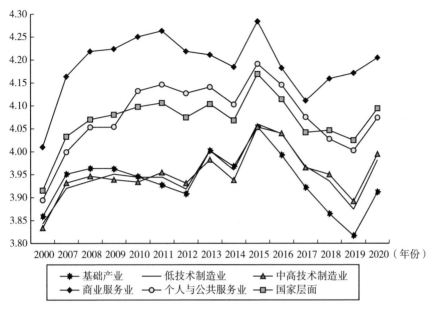

图 3 – 61 2000 ~ 2020 年德国后向价值链生产长度（WWZ 框架）

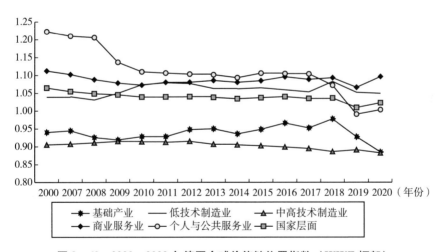

图 3 – 62 2000 ~ 2020 年德国全球价值链位置指数（WWZ 框架）

（二）Borin 分解框架

1. 前向参与度

如图 3 – 63 所示，德国基础产业前向参与度最高，且在 2000 ~ 2011 年呈上升趋势，2011～2016年逐步下降，2016年后开始波动上升；低技术制造业前向参与度最低。以上表明德国五个产业中基础产业前向参与度指数最大，处于全球价值链的上游位置。

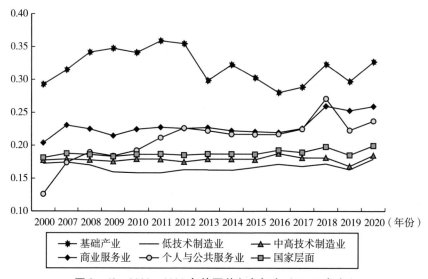

图 3－63　2000～2020 年德国前向参与度（Borin 框架）

2. 后向参与度

如图 3－64 所示，2000～2020 年德国五个产业的后向参与度由高到低依次为中高技术制造业、低技术制造业、基础产业、商业服务业和个人与公共服务业，总体来说，德国五个产业的后向参与度指数呈逐步上升趋势。

3. 总参与度

如图 3－65 所示，在 Borin 框架下，2000～2020 年德国基于贸易的总参与度总体呈上升趋势，这种变化趋势主要由后向参与度上升所引起，且总参与度上升表明德国五个产业以及国家总体参与全球价值链国际分工程度逐步深化。德国五个产业基于贸易的总参与度指数由高到低依次为基础产业、中高技术制造业、低技术制造业、商业服务业和个人与公共服务业，这说明德国五个产业中基础产业参与全球生产的程度最深。

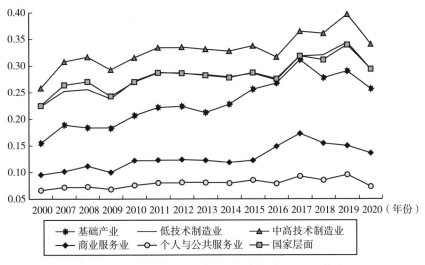

图 3 – 64　2000～2020 年德国后向参与度（Borin 框架）

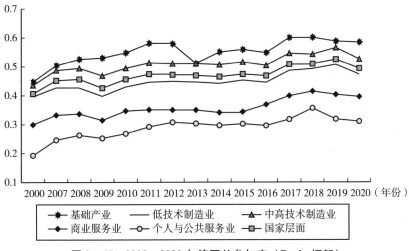

图 3 – 65　2000～2020 年德国总参与度（Borin 框架）

4. 价值链地位

如图 3 – 66 所示，2000～2020 年德国个人与公共服务业 GVC 地位指数呈轻微波动上升趋势；2000～2017 年德国商业服务和基础产业 GVC 地位指数呈下降趋势，之后有所回升；2000～2019 年德国国家层面、低技术制造业和中高技术制造业 GVC 地位指数逐步下降，2020 年有所回升，表明德国国家层面在 GVC 上所处的国际分工地位有所下降。

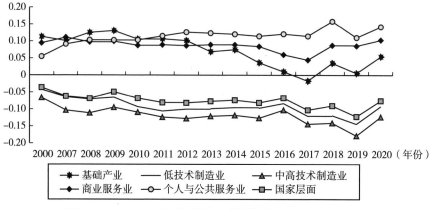

图 3-66　2000~2020 年德国全球价值链地位（Borin 框架）

德国个人与公共服务业、商业服务业和基础产业 GVC 地位指数为正值，而低技术制造业和中高技术制造业 GVC 地位指数为负值，表明德国个人与公共服务业、商业服务业和基础产业的间接增加值高于外国增加值，处于价值链的上游，而低技术制造业和中高技术制造业间接增加值低于外国增加值，处于价值链的下游。

二、参与 GVC 短链化

（一）前向分解

1. 价值链生产长度

如图 3-67 所示，德国基础产业在 2009~2015 年前向全球价值链长度呈上升趋势，在 2015~2020 年呈下降趋势，表明德国基础产业参与全球价值链分工精细度增高之后又降低。其余产业及国家层面在 2000~2008 年前向全球价值链长度呈轻微上升趋势，之后较为平稳，2015 年和 2018 年出现轻微上升，表明德国各产业参与前向全球价值链生产过程中经历的生产阶段数目有所增加。德国五个产业的前向全球价值链长度由高到低依次为个人与公共服务业、商业服务业、低技术制造业、基础产业和中高技术制造业。

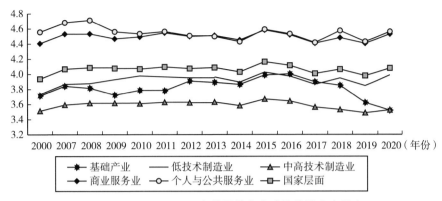

图 3 - 67　2000 ~ 2020 年德国前向全球价值链生产长度

2. 跨境生产长度

如图 3 - 68 所示，2000 ~ 2019 年德国五个产业以及国家层面前向跨境生产长度总体呈上升趋势，在 2009 年出现下降；基础产业在 2013 年和 2018 ~ 2020 年又出现下降，表明德国总体前向生产过程经历跨境生产的阶段数在逐渐增加，意味着参与国际分工的精细度有所提高。

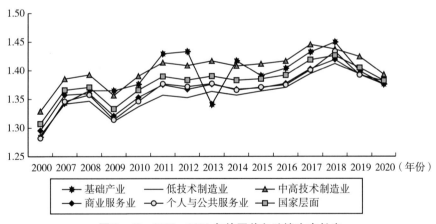

图 3 - 68　2000 ~ 2020 年德国前向跨境生产长度

3. 原产国生产长度

如图 3 - 69 所示，德国五个产业以及国家层面前向原产国生产长度总体呈轻微下降趋势。德国五个产业前向原产国生产长度由高到低依次为个人与公共服务业、商业服务业、低技术制造业、基础产业和中高技术制造业。

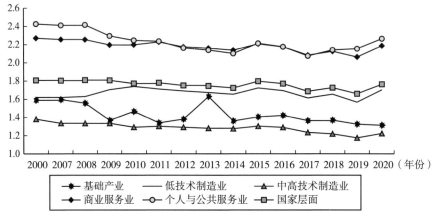

图 3 – 69　2000～2020 年德国前向原产国生产长度

4. 需求国生产长度

如图 3 – 70 所示，德国基础产业需求国生产长度在 2000～2015 年呈波动上升趋势，2015～2020 年开始逐年下降。个人与公共服务业、商业服务业、基础产业和中高技术制造业需求国生产长度在 2000～2015 年总体呈上升趋势，在 2015～2017 年逐渐下降，2017 年开始回升，表明德国前向各部门生产过程中经历需求国生产阶段数逐渐增多之后开始减少。

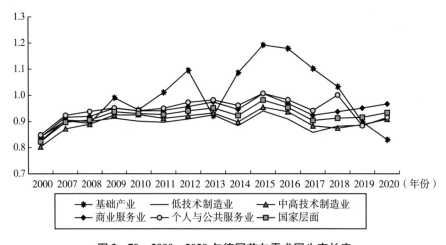

图 3 – 70　2000～2020 年德国前向需求国生产长度

5. 传统贸易生产长度

如图 3 – 71 所示，德国五个产业以及国家层面前向传统贸易生产长度呈下降趋势，表明德国各产业传统贸易前向生产经历的生产阶段数逐渐减少。德国五个产业的前向传统贸易生产长度由高到低依次为个人与公共服务业、商业服务业、基础产业、低技术制造业和中高技术制造业。

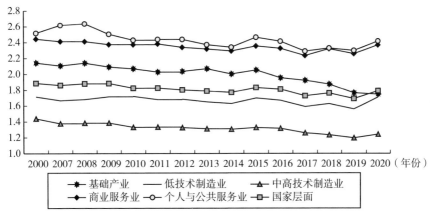

图 3 – 71　2000 ~ 2020 年德国前向传统贸易生产长度

6. 国内生产长度

如图 3 – 72 所示，德国基础产业前向国内生产长度在 2000 ~ 2016 年呈上升趋势，2016 ~ 2019 年呈下降趋势，商业服务业、中高技术制造业、低技术制造业、个人与公共服务业以及国家层面的前向国内生产长度变化趋势较为平缓。德国五个产业的前向国内生产长度由高到低依次为基础产业、商业服务业、中高技术制造业、低技术制造业、个人与公共服务业。

7. 总生产长度

如图 3 – 73 所示，德国基础产业前向总生产长度在 2000 ~ 2016 年呈上升趋势，2016 ~ 2019 年呈下降趋势，商业服务业、中高技术制造业、低技术制造业、个人与公共服务业以及国家层面的前向总生产长度变化趋势较为平缓。这种趋势变化主要受德国前向国内生产长度变化影响。德国基础产业前向总生产长度最大，其次是中高技术制造业、商业服务业和低技术制造业，个人与公共服务业前向总生产长度最小，即德国基础产业前向生产过程经历的生产阶段数最多，个人与公共服务业的生产阶段数最少。

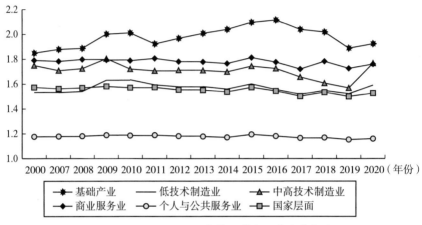

图3-72 2000~2020年德国前向国内生产长度

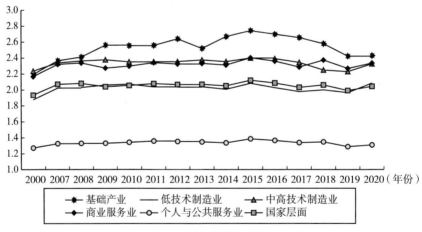

图3-73 2000~2020年德国前向总生产长度

（二）后向分解

1. 价值链生产长度

如图3-74所示，2000~2015年德国五个产业及国家层面的后向全球价值链生产长度总体呈上升趋势，2015~2019年呈下降趋势，2020年有所回升。这种变化趋势主要由跨境生产长度和原产国生产长度变化所影响，表明德国后向参与全球价值链国际分工细化程度提高之后又下降。德国商业服务业后向全球价值链生产长度最大，其次是个人与公共服务业，低技术制造业和基础产业次之，最后是中高技术制造业。

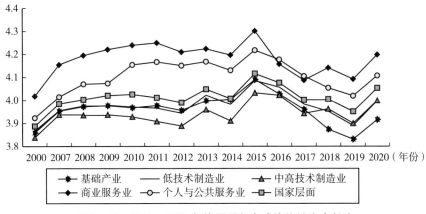

图 3 – 74 2000～2020 年德国后向全球价值链生产长度

2. 跨境生产长度

如图 3 – 75 所示，2000～2017 年德国五个产业以及国家层面后向跨境生产长度总体呈波动上升趋势，2009 年和 2017 年下降，表明德国总体后向生产过程经历跨境生产的阶段数在逐渐增加，意味着参与国际分工的精细度有所提高。德国中高技术制造业后向跨境生产长度最大，其次是基础产业，然后是低技术制造业和个人与公共服务业，商业服务业最低。

3. 原产国生产长度

如图 3 – 76 所示，德国五个产业以及国家层面后向原产国生产长度在2000～2020 年总体呈波动上升趋势，2015～2017 年下降。德国五个产业后向原产国生产长度由大到小依次为中高技术制造业、低技术制造业、个人与公共服务业、商业服务业和基础产业。

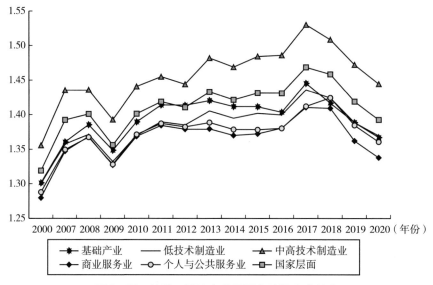

图 3 - 75 2000 ~ 2020 年德国后向跨境生产长度

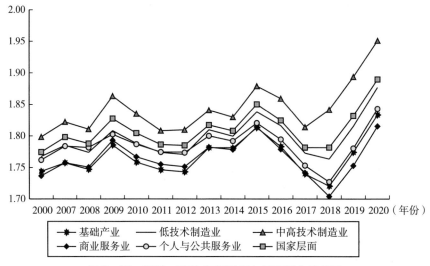

图 3 - 76 2000 ~ 2020 年德国后向原产国生产长度

4. 需求国生产长度

如图 3 - 77 所示,2000 ~ 2009 年德国五个产业及国家层面后向需求国生产长度波动幅度较小,2009 ~ 2019 年呈下降趋势。德国五个产业后向需求国生产长度由大到小依次为商业服务业、个人与公共服务业、基础产业、低技术制造业、中高技术制造业。

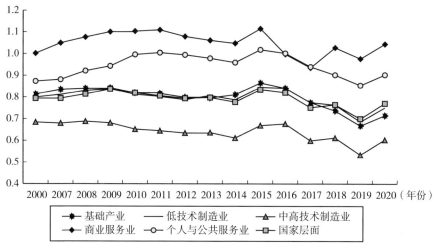

图 3 - 77 2000 ~ 2020 年德国后向需求国生产长度

5. 传统贸易生产长度

如图 3 - 78 所示，德国低技术制造业、中高技术制造业、商业服务业、个人与公共服务业及国家层面的后向传统贸易生产长度在 2009 ~ 2019 年呈下降趋势，表明这些部门参与后向传统贸易生产过程所经历的阶段数减少，基础产业在 2000 ~ 2015 年波动上升，2015 ~ 2019 年逐年下降。德国五个产业的后向传统贸易生产长度由大到小依次为低技术制造业、基础产业、中高技术制造业、商业服务业和个人与公共服务业。

6. 国内生产长度

如图 3 - 79 所示，德国商业服务业、个人与公共服务业及国家层面的后向国内生产长度变化趋势较为平稳，低技术制造业、中高技术制造业和基础产业后向国内生产长度在 2009 ~ 2019 年总体呈下降趋势，其中 2015 年出现上升，表明德国这三个产业在国内生产的阶段数有所减少，分工程度降低。德国基础产业、低技术制造业和中高技术制造业后向国内生产长度较大，商业服务业次之，个人与公共服务业最小。

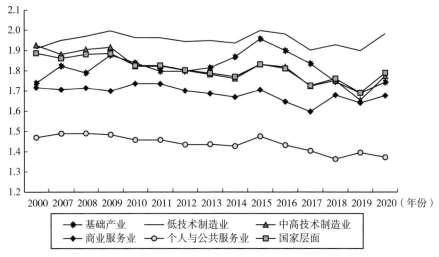

图3-78　2000～2020年德国后向传统贸易生产长度

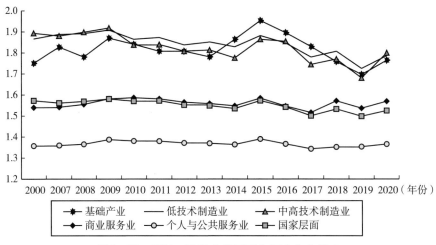

图3-79　2000～2020年德国后向国内生产长度

7. 总生产长度

如图3-80所示，德国五个产业及国家层面的后向总生产长度总体变化较为平稳，五个产业的后向总生产长度由大到小依次为中高技术制造业、低技术制造业、基础产业、商业服务业和个人与公共服务业，表明德国中高技术制造业参与后向生产过程中所经历的生产阶段数最多，分工程度最高，个人与公共服务业参与后向生产过程中所经历的生产阶段数最少，分工程度最低。

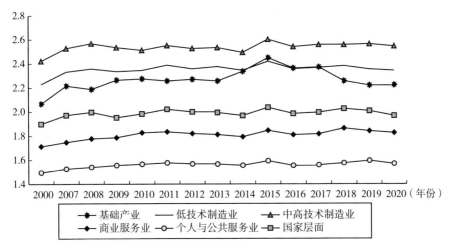

图3-80　2000～2020年德国后向总生产长度

第五节
日本参与全球价值链发展趋势

一、日本参与 GVC 的程度与地位

（一）WWZ 分解框架

1. 参与度与地位

（1）前向参与度。如图3-81所示，在日本五个产业中前向参与度最高的是中高技术制造业，其次是商业服务业、低技术制造业和基础产业，三个部门不相上下。整体来看，中高技术制造业 GVC 前向参与度呈倒"U"型变化，在2014年达到峰值后开始波动下降。从国家层面来看，日本的 GVC 前向参与度也呈倒"U"型变化趋势，2014年后其全球价值链前向参

与度呈波动下降趋势。

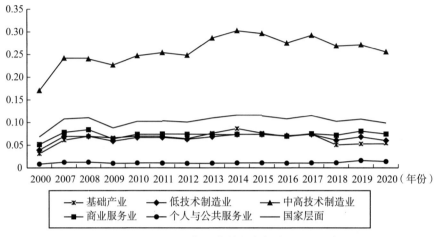

图3-81　2000~2020年日本前向参与度（WWZ框架）

（2）后向参与度。如图3-82所示，在WWZ框架下日本五个产业中后向参与度最高的依然是中高技术制造业，其次是基础产业，但基础产业的后向参与度在2012年大幅上升并超过了中高技术制造业，2013年出现了大幅下降之后又趋于平稳下降的趋势。后向参与度最低的是商业服务业。从具体数据来看，除2000年和2009年外，日本中高技术制造业的前向和后向参与度一般在0.2~0.3波动，其前向参与度高于后向参与度；日本商业服务业的前向参与度也高于后向参与度，表明日本的中高技术制造业和商业服务业在全球价值链分工中处于上游地位。与此不同的是，日本基础产业和低技术制造业的前向参与度低于后向参与度。

从国家层面来看，日本的后向参与度呈倒"U"型变化趋势，2014年达到峰值后开始下降，其后向参与度在0.05~0.15波动，高于前向参与度。

（3）总参与度。如图3-83所示，在WWZ框架下日本五个产业的全球价值链参与度由高到低依次是中高技术制造业、基础产业、低技术制造业、商业服务业和个人与公共服务业，其中中高技术制造业和低技术制造业的GVC参与度在2014年达到峰值后开始下降，表明日本制造业参与全球价值链的程度有所下降。从国家层面来看，日本的GVC参与度变动与其制造业保持一致，均呈倒"U"型变化趋势。

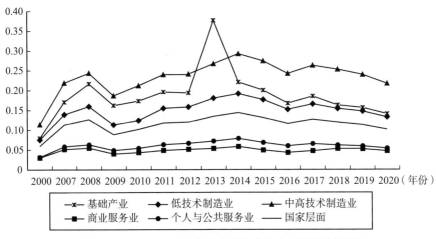

图 3 - 82　2000～2020 年日本后向参与度（WWZ 框架）

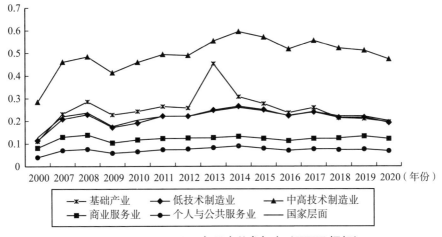

图 3 - 83　2000～2020 年日本总参与度（WWZ 框架）

（4）GVC 地位。图 3 - 84 表示 WWZ 框架下日本的 GVC 地位指数。从图中可以看出，日本基础产业、低技术制造业和个人与公共服务业的地位指数较低且均为负值，表明其在全球价值链分工中处于下游地位，而中高技术制造业和商业服务业的地位指数在 0～0.05 波动，在全球价值链分工中地位相对较高。另外，日本五个产业的 GVC 地位总体呈先降后升的趋势，表明其全球价值链分工地位在逐渐提高。值得注意的是，基础产业的 GVC 地位指数在 2013 年出现了一个低谷。从国家层面来看，其 GVC 位置指数在 $-0.05 \sim 0$ 波动，且呈"U"型变化趋势，2014 年后呈上升趋势。

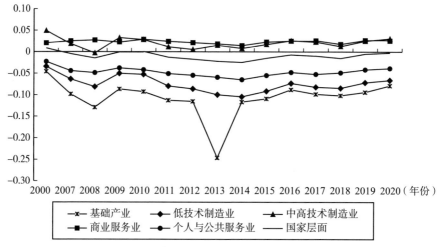

图 3 - 84　2000 ~ 2020 年日本全球价值链地位（WWZ 框架）

2. 上游度

图 3 - 85 表示 WWZ 框架下日本的上游度，日本五个产业的上游度指数均大于 1，其中高技术制造业和基础产业的 GVC 上游度指数在 $2.5 \sim 3.0$ 波动，表明其参与 GVC 分工程度相对较深，在 GVC 分工体系上更多地从事中间生产环节；低技术制造业和商业服务业的 GVC 上游度指数在 2 附近波动，在 GVC 分工体系中处于较低的水平，而个人与公共服务业在 1.25 左右波动，表明其在 GVC 分工体系中处于最终产品生产阶段。从国家层面来看，日本 GVC 上游度指数在 2 附近上下波动，在 GVC 分工体系中更多从事中间生产环节。

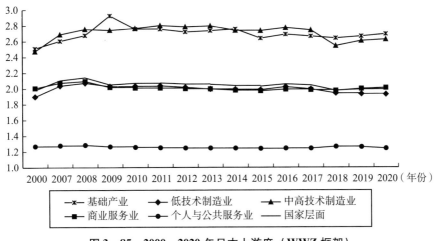

图 3 – 85 2000 ~ 2020 年日本上游度（WWZ 框架）

3. 生产长度与地位

（1）前向生产长度。图 3 – 86 表示 WWZ 框架下日本前向价值链生产长度，从国家层面来看，日本前向价值链生产长度在 4.3 ~ 4.7 区间波动，变化趋势不明显。从五个产业的层面来看，基础产业和个人与公共服务业的前向价值链生产长度相对较长，说明其多为其他下游部门提供中间产品且该产业下游生产阶段数较多，离最终消费端较远，生产复杂度较高。个人与公共服务业的前向价值链生产长度在 2016 年出现了下降趋势；五个产业中前向价值链生产长度较长的是低技术制造业和商业服务业，其前向价值链生产长度均在 4.5 以上，总体保持平稳；中高技术制造业的前向价值链生产长度在五个产业中最低，在 3.9 ~ 4.3 区间波动，其变化趋势与国家层面变化一致。

总体来说，除个人与公共服务业外，日本其他的四个产业和国家层面的前向价值链生产长度在 2000 ~ 2020 年保持平稳，没有大幅度波动，前向价值链生产长度基本在 4 ~ 6 区间波动，相对较长。

（2）后向生产长度。图 3 – 87 表示 WWZ 框架下日本后向价值链生产长度。总体来看，日本五个产业和国家层面的后向价值链生产长度基本在 4 ~ 5 区间波动，波动较小。但是基础产业受全球金融危机的影响，2008 年有较大提升，2009 年后又下降到原来水平。

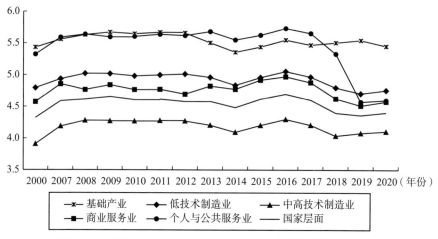

图 3 – 86　2000～2020 年日本前向价值链生产长度（WWZ 框架）

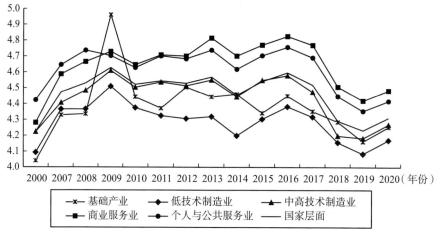

图 3 – 87　2000～2020 年日本后向价值链生产长度（WWZ 框架）

（3）GVC 位置指数（前后向价值链生产长度比值）。图 3 – 88 为 WWZ 框架下日本全球价值链位置指数。五个产业中价值链地位由高到低依次是基础产业、个人与公共服务业、低技术制造业、商业服务业和中高技术制造业。从变化趋势来看，基础产业的全球价值链地位呈现先降后升的趋势，个人与公共服务业在 2018 年有较大幅度下降，而其他产业及国家层面的价值链地位总体保持平稳态势。

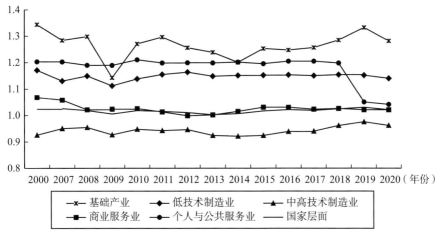

图 3 - 88　2000 ~ 2020 年日本全球价值链位置指数（WWZ 框架）

（二）Borin 分解框架

1. 前向参与度

根据图 3 - 89，从国家层面来看，日本前向参与度波动幅度较小，主要在 0.18 ~ 0.23 区间波动，2011 ~ 2014 年呈下降趋势，2014 ~ 2020 年呈上升趋势并趋于平稳。五个产业中低技术制造业的 GVC 前向参与度最高，个人与公共服务业最低，且两个产业均呈波动下降趋势；中高技术制造业的变化趋势和国家层面基本一致；基础产业的全球价值链前向参与度在 2010 ~ 2014 年呈下降趋势，2014 ~ 2018 年波动上升，2018 年后大幅下降，2019 年又有所回升；商业服务业的波动幅度也较大，在 2009 ~ 2011 年、2014 ~ 2018 年呈上升趋势，在 2008 ~ 2009 年、2011 ~ 2014 年、2018 ~ 2020 年呈下降趋势。

2. 后向参与度

根据图 3 - 90，在 Borin 框架下日本五个产业的全球价值链后向参与度由高到低依次是基础产业、中高技术制造业、低技术制造业、商业服务业和个人与公共服务业。相对来说，基础产业的价值链后向参与度要高于其他四个产业，表明日本基础产业在全球价值链中处于下游地位。从变化趋势来看，基础产业和低技术制造业、中高技术制造业均呈倒 "U" 型变化，2014 年为其转折点。

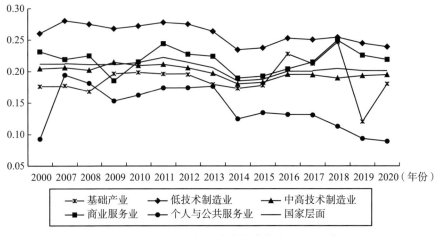

图3-89　2000~2020年日本前向参与度（Borin框架）

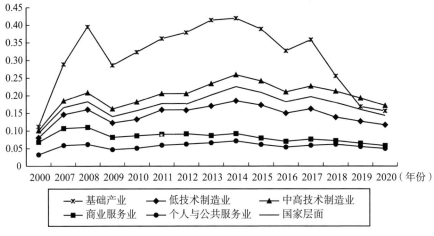

图3-90　2000~2020年日本后向参与度（Borin框架）

3. 总参与度

图3-91表示Borin框架下日本GVC总参与度。在全球价值链总参与度中最高的是基础产业，主要是由于其GVC后向参与度较高，其次是低技术制造业、中高技术制造业、商业服务业和个人与公共服务业。从图中可以看出日本基础产业、低技术制造业和中高技术制造业总体呈倒"U"型变化趋势，其全球价值链参与度在2014年后有所下降，表明参与全球价值链的程度有所降低，并且制造业在全球价值链中的参与度波动幅度很小，基本保持在0.4

左右；个人与公共服务业的 GVC 总参与度也在 2013 年后不断下降，而商业服务业在全球价值链中的参与度基本保持在 0.3 左右，没有明显的变动趋势。

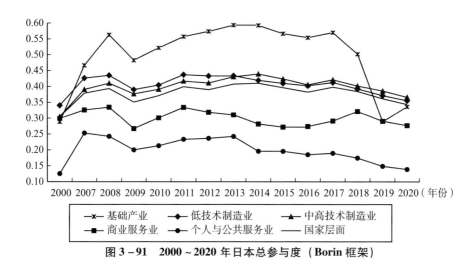

图 3 - 91　2000 ~ 2020 年日本总参与度（Borin 框架）

4. GVC 地位

图 3 - 92 表示 Borin 框架下日本在全球价值链中的地位，可以看出在日本五个产业中，全球价值链地位相对较高的是商业服务业、低技术制造业和个人与公共服务业，较低的是中高技术制造业，其中基础产业的价值链地位最低

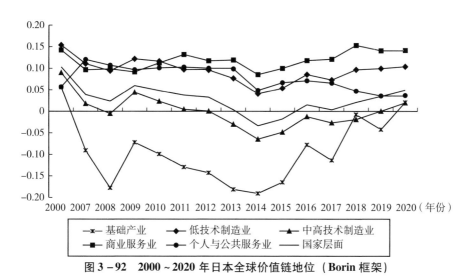

图 3 - 92　2000 ~ 2020 年日本全球价值链地位（Borin 框架）

且在多数年份为负值，表明日本基础产业在全球价值链中处于下游地位。商业服务业在全球价值链中相对处于上游地位。从变化趋势来看，制造业和基础产业总体呈"U"型变化，其价值链地位在近年有所攀升，而个人与公共服务业在全球价值链中的地位不断下降。

二、参与 GVC 短链化

（一）前向分解

1. 价值链生产长度

图 3 - 93 表示日本各部门前向价值链生产长度。从国家层面来看，日本前向价值链生产长度在 4.5 左右波动，波动幅度很小，没有明显的变化趋势。五个产业中基础产业和个人与公共服务业的前向价值链生产长度最长，说明这些产业多为其他下游产业提供中间产品且下游生产阶段数较多，离最终消费端较远，生产复杂度较高。个人与公共服务业的前向价值链生产长度在 2016 年出现了下降趋势，从 5.73 下降到了 4.60；其次五个产业中前向价值链生产长度较长的是低技术制造业和商业服务业，其前向价值链生产长度均在 4.5 以上，变化趋势不明显，总体保持平稳态势。中高技术制造业的前向价值链生产长度在五个产业中最低，在 3.9 ~ 4.3 区间波动，变化趋势与国家层面一致。

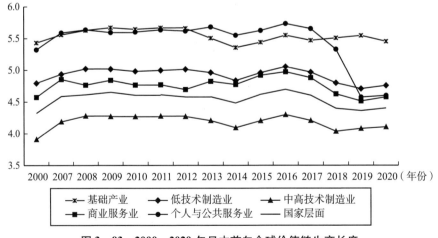

图 3 - 93　2000 ~ 2020 年日本前向全球价值链生产长度

总体来说，除个人与公共服务业外，日本其他四个产业和国家层面的前向价值链生产长度在2000～2020年保持平稳，没有大幅度波动，前向价值链生产长度基本在4～6区间波动，相对较长。

2. 跨境生产长度

图3－94表示日本各部门前向跨境生产长度。从图中可以看出2009～2020年日本五个产业及国家层面的前向跨境生产长度整体呈"M"型。值得注意的是，个人与公共服务业在2017年的前向跨境生产长度下降幅度较大。

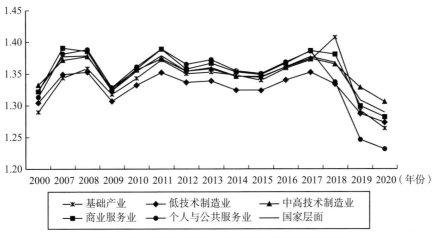

图3－94　2000～2020年日本前向跨境生产长度

3. 原产国生产长度

图3－95表示日本五个产业前向原产国生产长度。从国家层面来看，日本前向原产国生产长度主要在2附近波动，整体略有下降，但下降幅度很小。五个产业中，原产国前向生产长度较长的是个人与公共服务业和基础产业，其次是低技术制造业和商业服务业，中高技术制造业最低。从变化趋势来看，五个产业的前向原产国生产长度在近些年都有不同程度的下降，个人与公共服务业在2017年后有较明显的下降，其他产业下降幅度都很小。

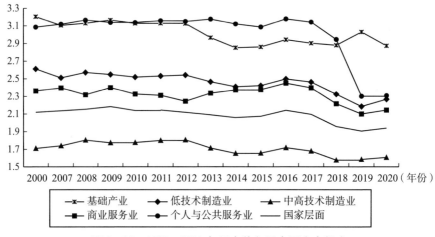

图 3 - 95   2000 ~ 2020 年日本前向原产国生产长度

4. 需求国生产长度

图 3 - 96 表示日本各产业前向需求国生产长度。从图中可以看出 2007 ~ 2020 年日本各产业包括国家层面的前向需求国生产长度集中在 1 ~ 1.4 区间内，波动幅度较小，2015 ~ 2018 年呈下降趋势，2018 年后各产业又出现了小幅上升。

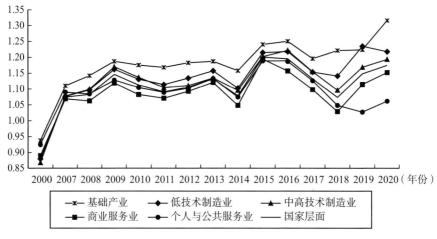

图 3 - 96   2000 ~ 2020 年日本前向需求国生产长度

5. 传统贸易生产长度

图 3 - 97 表示日本各部门传统贸易前向生产长度。从国家层面来看，日本前向传统贸易生产长度在 2 ~ 2.3 区间内波动，整体保持平稳态势。五个产业中前向传统贸易生产长度较长的是基础产业，并且其前向传统贸易生产长度总体呈下降趋势；个人与公共服务业次之，2000 ~ 2018 年前向传统贸易生产长度保持平稳，2018 年开始下降后又趋于稳定；低技术制造业也呈下降趋势且下降幅度较小；前向传统贸易生产长度较低的是商业服务业和中高技术制造业。商业服务业前向传统贸易生产长度呈 "U" 型变化趋势，近些年有小幅上升，而中高技术制造业整体呈小幅下降趋势。

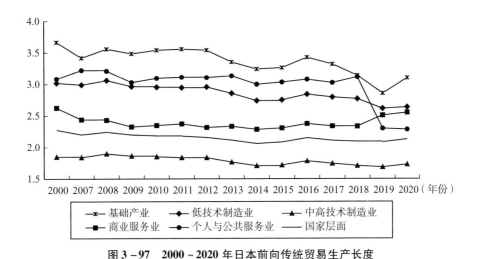

图 3 - 97　2000 ~ 2020 年日本前向传统贸易生产长度

6. 国内生产长度

图 3 - 98 表示日本各产业前向国内生产长度。从图中可以看出日本五个产业中前向国内生产长度最长的是基础产业，其次是中高技术制造业，低技术制造业和商业服务业不相上下，最小的是个人与公共服务业；低技术制造业、商业服务业、个人与公共服务业以及国家层面的前向国内生产长度趋于平稳；中高技术制造业整体呈下降趋势，而基础产业的前向国内生产长度在不断上升。

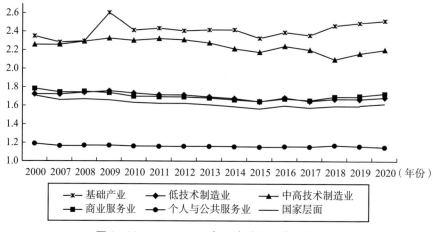

图3-98 2000~2020年日本前向国内生产长度

7. 总生产长度

图3-99表示日本各产业总的前向生产长度。从国家层面来看，日本总的前向生产长度接近于2，整体保持平稳。基础产业和中高技术制造业的前向生产长度最长，然后是低技术制造业和商业服务业，个人与公共服务业最短。从变化趋势来看，日本五个产业的变化趋势均不明显，整体保持稳定。

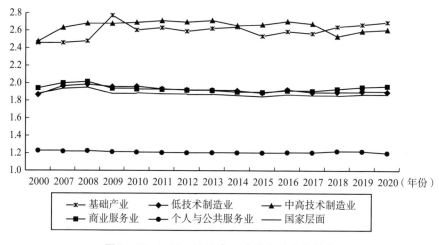

图3-99 2000~2020年日本前向总生产长度

（二）后向分解

1. 价值链生产长度

图 3 - 100 表示日本各产业后向价值链生产长度。总体来看，日本五个产业和国家层面的后向价值链生产长度基本在 4～5 区间波动，波动较小。但是基础产业受全球金融危机的影响，2008 年有较大提升，2009 年后又恢复到原来水平。

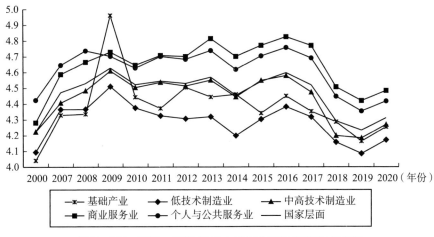

图 3 - 100　2000～2020 年日本后向全球价值链生产长度

2. 跨境生产长度

图 3 - 101 表示日本各产业后向跨境生产长度。从国家层面来看，日本后向跨境生产长度在 2007～2013 年呈波动上升趋势，在 2013～2020 年波动下降，主要在 1. 22～1. 32 范围内波动。五个产业中，后向跨境生产长度相对较长的是中高技术制造业和个人与公共服务业，其次是商业服务业、基础产业和低技术制造业。从变化趋势来看，基础产业、个人与公共服务业的后向跨境生产长度呈现出先升后降的趋势，在 2007～2013 年波动上升，在 2013～2020 年波动下降。而中高技术制造业和低技术制造业在 2007～2018 年变化趋势不太明显。值得注意的是，2018 年日本五个产业的后向跨境生产长度均出现了明显的下降趋势。

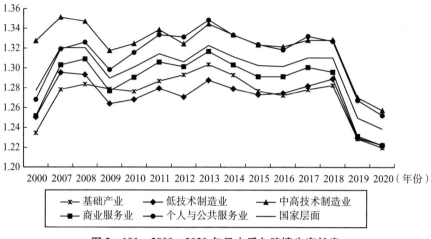

图 3 – 101　2000～2020 年日本后向跨境生产长度

3. 原产国生产长度

根据图 3 – 102 相关数据，日本五个产业中后向原产国生产长度较长的仍然是中高技术制造业，其他四个产业相差无几。从变化趋势来看，可以看到各产业的后向原产国生产长度分别在 2009 年和 2015 年出现了峰值，各产业在 2015～2018 年后向原产国生产长度开始下降，2018 年后又继续上升。

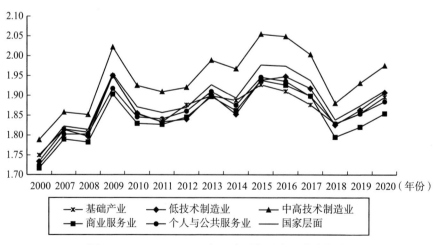

图 3 – 102　2000～2020 年日本后向原产国生产长度

4. 需求国生产长度

根据图 3 – 103，从国家层面来看，日本后向需求国生产长度整体呈波动下降趋势，但下降幅度不大。五个产业中，商业服务业的后向需求国生产长度相对较长，且 2007～2017 年总体保持平稳态势，2017 年后下降；其次是个人与公共服务业，其变化趋势与商业服务业基本一致；然后是基础产业，基础产业的后向需求国生产长度在 2009 年达到峰值，此后呈波动下降趋势。后向需求国生产长度较低的是中高技术制造业和低技术制造业，两者均呈波动下降趋势。

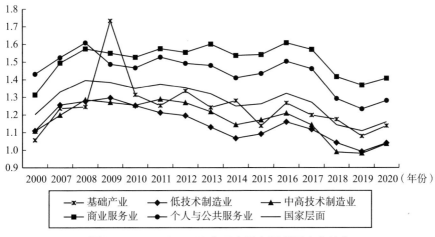

图 3 – 103　2000～2020 年日本后向需求国生产长度

5. 传统贸易生产长度

图 3 – 104 表示日本各产业后向传统贸易生产长度。从国家层面来看，日本后向传统贸易生产长度整体呈下降趋势，但下降幅度很小。五个产业中后向传统贸易生产长度由长到短分别是中高技术制造业、低技术制造业、基础产业、个人与公共服务业和商业服务业。其中中高技术制造业和低技术制造业的后向传统贸易生产长度呈小幅下降趋势；基础产业在 2009～2014 年呈下降趋势，2015～2020 年又开始上升；个人与公共服务业与基础产业恰好相反，在 2000～2013 年不断上升，在 2013～2020 出现了下降；商业服务业的后向传统贸易生产长度总体保持相对稳定的水平。

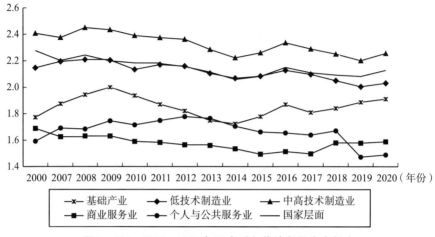

图 3 – 104　2000～2020 年日本后向传统贸易生产长度

6. 国内生产长度

根据图 3 – 105，可以看到整个国家的后向国内生产长度保持平稳，五个产业中后向国内生产长度较长的依然是制造业，其次是基础产业，最后是服务业。中高技术制造业整体看有下降的趋势，但在 2018 年又出现了小幅上升；基础产业和商业服务业 2017 年有些许上升，其余年份保持平稳；低技术制造业和个人与公共服务业整体也保持平稳态势。

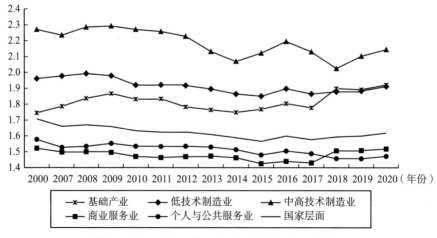

图 3 – 105　2000～2020 年日本后向国内生产长度

7. 总生产长度

图 3 - 106 表示日本各产业总的后向生产长度。从国家层面来看，日本总的后向生产长度在 1.8 ~ 2.0 区间波动，总体保持相对稳定的水平。五个产业中总的后向生产长度最长的是中高技术制造业，在 2017 年小幅下降，其余年份均保持平稳；其次是低技术制造业，整体保持平稳；基础产业总的后向生产长度处于各产业中间，最后是个人与公共服务业和商业服务业，其中基础产业和商业服务业的后向生产长度 2017 年有小幅上升，其余年份没有太大变化；个人与公共服务业 2017 年小幅下降，其余年份也保持平稳。

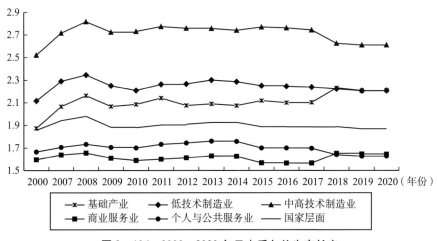

图 3 - 106　2000 ~ 2020 年日本后向总生产长度

第四章

制造业参与全球价值链中出口国内增加值率的现状分析

第一节

出口国内增加值的测算

本书基于 ADB-MRIO 数据库 2007~2019 年的数据，采用 WWZ 和 Borin 分解法，对制造业出口国内增加值进行分解，研究中国、美国、德国、日本等 62 个经济体的制造业出口国内增加值，以准确对比各经济体的出口国内增加值率及变化趋势，分析我国与其他国家在全球生产网络中的相对位置变化。

一、WWZ 分解框架

WWZ 总出口分解如表 4-1 所示，本书在依照该表对总出口贸易分解的基础上，重点研究以下六个类别：传统贸易出口国内增加值 DVA_FIN、简单价值链出口国内增加值 DVA_INT、复杂价值链出口国内增加值 DVA_INTrex + RDV、全球价值链出口国内增加值 DVA_INT + DVA_INTrex + RDV、出口国内增加值 DVA 与国外增加值 FVA。其中，传统贸易出口国内增加值表示一个国家出口最终产品中的国内增加值；简单价值链出口国内增加值表示被某国进口加工后直接吸收的中间产品出口增加值；复杂价值链出口国内增加值表示一国商品由另一国进口生产并向第三国出口所形成的中间产品出口的国内增加值；出口国内增加值为这三者之和；全球价值链出口国内增加值由简单价值链出口国内增加值与复杂价值链出口国内增加值相加得到；国外增加值指的是出口中隐含的进口国与第三国的增加值之和。出口国内增加值率为出口国内增加值 ÷ 总出口，即 DVAR = DVA ÷ EX，国外增加值率即为 FVAR = FVA ÷ EX，一国的国内增加值率提高意味着国外增加值率下降。此外，传统贸易出口国内增加值率、简单价值链出口国内增加值率、复杂价值链出口国内增加值率、全球价值链出口国内增加值率都是在其基础上除以总出口得到。本书通过对 62 个经济体出口国内增加值率的分析探究，可以更直观清晰地看出各经济体在贸易合作中的优劣势，以及在全球价值链分工中各经济体的地位和重要性。

表 4 –1　　　　　　　　　　　WWZ 出口分解项的定义

序号	种类	国内增加值类型	释义
1	DVA_FIN	传统贸易	最终产品出口的国内增加值
2	DVA_INT	简单价值链	直接进口商用于生产国内最终商品并在国内消费的中间出口产品的国内增加值
3	DVA_INTrex	复杂价值链	直接进口商用于生产中间出口产品以生产在第三经济体生产和消费的国内最终用途商品的中间出口产品的国内增加值
4	DVA_INTrex	复杂价值链	直接进口商用于向第三经济体生产最终用途出口的中间出口产品的国内增加值
5	DVA_INTrex	复杂价值链	直接进口商用于向第三经济体生产中间出口产品的中间出口产品的国内附加值
6	RDV	复杂价值链	从直接进口商进口的最终使用商品的国内增加值
7	RDV	复杂价值链	通过第三经济体进口的最终使用商品的国内附加值返回
8	RDV	复杂价值链	用于生产国内消费的最终用途商品的中间进口产品的国内增加值
9	DDC	国内重复计算	重复计算的国内增加值用于生产最终用途商品出口
10	DDC	国内重复计算	重复计算的国内增加值用于生产中间出口产品

续表

序号	种类	国内增加值类型	释义
11	FVA_FIN	国外增加值	直接进口商在出口经济的最终用途商品出口中的增加值
12	FVA_FIN	国外增加值	第三经济体在出口经济的最终用途商品出口中的增加值
13	FVA_INT	国外增加值	出口经济体的中间商品出口中直接进口国的增加值
14	FVA_INT	国外增加值	出口经济体的中间商品出口中第三经济体的增加值
15	FDC	国内重复	直接进口商的增加值在国内经济的出口生产中被重复计算
16	FDC	国内重复	第三经济体的增加值在本国经济的出口生产中被双重计算

资料来源：WANG Z, WEI S J, ZHU K. Quantifying international production sharing at the bilateral and sector levels [R]. Social Science Electronic Publishing, 2018.

二、Borin 分解框架

博林和曼西尼（Borin and Mancini, 2019）与王直、魏尚进和祝坤福（WWZ, 2018）的分解框架对国内与国外增加值重复计算部分的统计稍有差异，其具体分为按出口部门增加值来源后向分解和按原产增加值去向前向分解，均分解为 DAVAX1：传统贸易国内增加值；DAVAX2：简单价值链贸易国内增加值；REX1 - 3：复杂价值链贸易间接增加值部分；REF1 - 2：复杂价值链贸易返回国内部分；FVA：外国增加值；PDC1：国内增加值重复统计部分；PDC2：外国增加值重复统计部分。

第二节
全球总体层面出口国内增加值率变化

在分析全球总体层面出口国内增加值率之前，本书根据世界投入产出数据库的投入产出表中行业的分类，将制造业细分为技术密集型、资本密集型和劳动密集型三类，如图 4 - 1 所示。

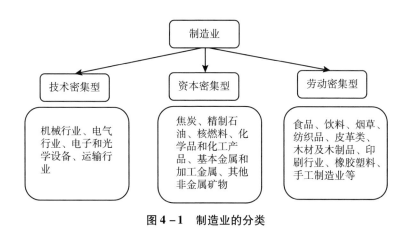

图 4 - 1 制造业的分类

本书采用 2007 年、2014 年与 2019 年的数据，从横向分析和纵向分析两个方面研究全球总体层面出口国内增加值率的变化情况（如表 4 - 2 所示）。

表 4 - 2 全球总体层面出口国内增加值率的变化 单位：%

年份	类别	传统贸易	简单价值链	复杂价值链	全球价值链	DVAR	FVAR
2007	制造业总体	30.89	20.85	16.51	37.36	68.25	22.70
	技术	37.50	14.15	14.60	28.75	66.25	24.92
	资本	11.54	30.86	23.01	53.87	65.41	21.54
	劳动	42.97	20.89	11.85	32.74	75.71	19.91
2014	制造业总体	29.45	22.58	15.95	38.53	67.98	23.00
	技术	35.55	17.39	14.26	31.65	67.20	24.70
	资本	11.11	30.48	21.59	52.07	63.19	23.02
	劳动	42.37	21.65	11.62	33.27	75.65	19.87
2019	制造业总体	29.52	19.96	16.84	36.80	66.31	23.65
	技术	34.65	15.16	15.40	30.56	65.21	25.57
	资本	12.09	28.02	22.45	50.47	62.55	22.47
	劳动	41.57	18.55	12.60	31.15	72.72	21.77

资料来源：根据 ADB-MRIO 数据库整理所得。

一、横向分析

（一）制造业总体

从制造业总体来看，传统贸易出口国内增加值率最大，与简单价值链、复杂价值链出口国内增加值率相比，常年居于稳定态势，DVAR[①] 远高于 FVAR[②]。

（二）分行业

技术密集型和劳动密集型行业的传统贸易出口国内增加值率远大于简单价值链出口国内增加值率和复杂价值链出口国内增加值率，而资本密集型行业简单价值链出口国内增加值率最大，其次为复杂价值链出口国内增加值率，最后为传统贸易出口国内增加值率。由于资本密集型行业的简单价值链出口国内增加值率和复杂价值链出口国内增加值率都比其他行业大，因此资本密集型行业的全球价值链出口国内增加值率也是所有行业中最大的。另外，三种行业的 DVAR 都远高于 FVAR，其中劳动密集型行业 DVAR 与 FVAR 差距最大。

二、纵向分析

（一）传统贸易出口国内增加值率

对制造业总体而言，传统贸易出口国内增加值率趋于稳定，但 2019 年相比 2007 年有所下降。技术密集型行业的传统贸易出口国内增加值率呈逐年下降的态势；资本密集型行业的传统贸易出口国内增加值率则是先下降后上升，但是由于变化幅度不大，总体趋于平稳；劳动密集型行业的传统贸易出口国内增加值率也是呈逐年下降的趋势，同样是在小范围波动。劳动密集型行业传统贸易出口国内增加值率最大，其次为技术密集型，最后为资本密集型。

（二）简单价值链出口国内增加值率

就制造业总体而言，简单价值链出口国内增加值率在小范围内先升后降；技术密集型和劳动密集型制造业的简单价值链出口国内增加值率都呈先上升

---

① DVAR：出口国内增加值率。
② FVAR：出口国外增加值率。

后下降的趋势，资本密集型制造业的简单价值链出口国内增加值率则逐年下降，且资本密集型行业的简单价值链出口国内增加值率最高。

（三）复杂价值链出口国内增加值率

就制造业总体而言，复杂价值链出口国内增加值率呈先下降后上升的趋势；技术密集型和资本密集型行业的复杂价值链出口国内增加值率都是先下降后上升，且变化不大；劳动密集型行业则在小范围内呈逐年上升的态势。

（四）全球价值链出口国内增加值率

就制造业总体而言，全球价值链出口国内增加值率呈先上升后下降的态势；技术密集型和劳动密集型行业的全球价值链出口国内增加值率皆先上升后下降，资本密集型行业的全球价值链出口国内增加值率虽逐年下降，但始终保持在较高水平。

（五）DVAR 与 FVAR

根据图 4 – 2，就制造业总体而言，DVAR 在逐年下降，FVAR 逐年提高，但是 DVAR 依然远高于 FVAR。技术密集型制造业 DVAR 先上升后下降；资本密集型制造业 DVAR 则呈先下降后上升的趋势，但是变化幅度不大；劳动

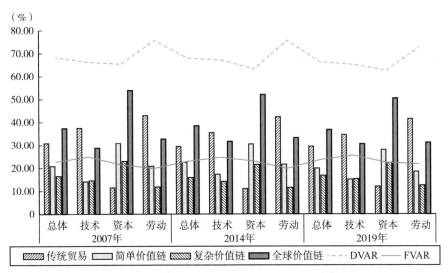

图 4 – 2　全球总体层面出口国内增加值率的变化

资料来源：根据 ADB-MRIO 数据库整理所得。

密集型制造业 DVAR 呈逐年下降的趋势。技术密集型制造业的 FVAR 呈先下降后上升的趋势，资本密集型和劳动密集型制造业则相反，FVAR 先上升后下降。

第三节

国家层面出口国内增加值率的变化

本部分选取 2007～2019 年中国、美国、德国、日本等 62 个经济体的出口国内增加值率数据，从国家层面的角度着重分析 2007 年、2014 年与 2019 年各国出口国内增加值率及排名情况，并对制造业总体按不同要素密集度进行划分，得到制造业总体、技术密集型行业、资本密集型行业、劳动密集型行业的历年排名变化情况，再对重点国家（中、美、德、日）出口国内增加值率结构组成变化进行比较。

一、全球各国出口国内增加值率排名前 20 变迁情况

（一）制造业总体出口国内增加值率排名

从表 4-3 可以看出，2007 年巴基斯坦制造业总体出口国内增加值率排名第一，在 2014 年虽然出口国内增加值率和排名有所下降，但是在 2019 年又以较高的出口国内增加值率排名第二，这与巴基斯坦国内资源丰富息息相关，巴基斯坦主要出口纺织品、皮革制品、石油、化学品，所以常年制造业总体出口国内增加值率维持在很高的水平；与巴基斯坦相似的是文莱和哈萨克斯坦，两国在 2014 和在 2019 年都排名前三，得益于两国石油等资源密集型加工品的出口；俄罗斯同样也是因为其拥有丰富的石油、天然气等资源，成为世界上最大能源出口国，虽然排名有所下降，但是都处于排名前五的核心位置；美国和日本在近些年的竞争力有所下降；中国的制造业总体出口国内增加值率在逐年稳步提升，说明中国的制造业在出口贸易中的重要性和地位逐年提高，在国际贸易关系中的竞争力越来越大。此外，亚洲的一些国家如印度尼西亚、老挝、不丹、孟加拉国、斯里兰卡等国的制造业总体出口国内增

加值率常年稳定在前 20 名。

表 4-3　　　　　　　　　制造业总体出口国内增加值率排名　　　　　单位：%

国家	2007 年	国家	2014 年	国家	2019 年
巴基斯坦	90.78	文莱	92.81	文莱	87.43
俄罗斯	90.02	哈萨克斯坦	90.78	巴基斯坦	86.85
巴西	85.19	巴基斯坦	90.69	哈萨克斯坦	86.30
老挝	85.05	俄罗斯	88.05	中国	85.12
美国	83.85	巴西	83.00	俄罗斯	84.99
孟加拉国	83.74	斯里兰卡	82.63	老挝	84.80
文莱	83.33	美国	82.20	斯里兰卡	82.97
日本	81.83	中国	82.16	美国	82.23
印度尼西亚	80.80	老挝	82.13	印度尼西亚	81.53
哈萨克斯坦	79.99	不丹	80.13	巴西	80.38
蒙古	79.79	孟加拉国	80.02	日本	79.49
澳大利亚	78.04	印度尼西亚	78.74	澳大利亚	78.33
不丹	77.40	澳大利亚	77.03	吉尔吉斯斯坦	77.30
斯里兰卡	76.50	蒙古	76.44	不丹	75.98
中国	74.87	日本	74.69	印度	74.00
意大利	74.32	斐济	72.79	孟加拉国	72.35
英国	74.19	挪威	72.44	斐济	71.47
尼泊尔	73.85	吉尔吉斯斯坦	72.14	蒙古	70.98
印度	71.12	意大利	70.85	加拿大	68.44
斐济	70.24	尼泊尔	70.68	英国	67.16

资料来源：根据 ADB-MRIO 数据库整理所得。

（二）技术密集型行业出口国内增加值率排名

从表 4-4 可以看出，孟加拉国的出口国内增加值率都居于第一，主要得益于近些年来孟加拉国国内大量高技术产业兴起；日本在 2007～2014 年排名有所下降，但是又在 2019 年有显著回升的趋势，这主要得益于日本国内制造业转型升级，扩大了国内更高附加值技术密集型产品的出口，提高了日本在出口贸易中的地位和竞争力；美国是世界强国，国内技术密集型行业数量居多，拥有雄厚的科技实力和资金支持，使得美国可以向世界各国出口先进的科技和电子产品，进而使得美国在技术密集型行业出口国内增加值率的排名始终保持在前五，历年来都趋于平稳的态势；巴西虽然是重要资源出口国，但是近年来地位和竞争力在逐步下降；俄罗斯在2007～2019年的排名居于较稳定的位置，变化幅度非常小，但是俄罗斯的出口国内增加值率在逐年下降；印度这些年的出口国内增加值率以及排名均有上升趋势；德国与文莱的出口国内增加值率却在2014年以后逐年下降，并退出排名前20国家的行列；而中国的出口国内增加值率在大幅度提升，由此可见，中国的技术密集型行业发展势头迅猛，在国际贸易中的地位显著提高。

表4-4　　　　　　　　技术密集型行业出口国内增加值率排名　　　　　单位：%

国家	2007 年	国家	2014 年	国家	2019 年
孟加拉国	84.52	孟加拉国	82.27	孟加拉国	88.83
日本	84.15	希腊	82.22	日本	82.83
巴西	83.74	美国	81.69	中国	82.24
美国	83.42	哈萨克斯坦	80.95	美国	81.54
俄罗斯	81.22	中国	78.78	希腊	76.24
希腊	80.75	俄罗斯	78.75	俄罗斯	75.28
澳大利亚	76.05	日本	78.41	巴西	75.01
意大利	75.07	巴西	77.34	印度	74.62
文莱	75.03	印度	74.05	澳大利亚	74.42
哈萨克斯坦	74.50	瑞士	73.01	哈萨克斯坦	73.33
印度尼西亚	73.52	不丹	72.46	吉尔吉斯斯坦	72.37
斯里兰卡	72.78	意大利	72.27	老挝	72.07
英国	72.42	文莱	71.32	泰国	72.02
罗马尼亚	71.54	澳大利亚	71.31	印度尼西亚	71.79
德国	70.85	挪威	70.05	韩国	70.71
印度	70.80	德国	70.01	瑞士	70.59
韩国	70.61	克罗地亚	70.00	斐济	69.34
立陶宛	70.32	斐济	69.36	意大利	67.60

国家	2007 年	国家	2014 年	国家	2019 年
荷兰	69.89	立陶宛	68.00	塞浦路斯	66.92
不丹	69.67	泰国	67.68	马尔代夫	66.65

资料来源：根据 ADB-MRIO 数据库整理所得。

（三）资本密集型行业出口国内增加值率排名

由表 4-5 可知，文莱、孟加拉国、巴基斯坦、印度尼西亚等亚洲国家在资本密集型行业出口中占据优势地位，主要是因为这些亚洲国家大多为资源出口国，拥有丰富的石油等矿产资源，使得这些国家在资本密集型产品的出口上独具优势；俄罗斯的出口国内增加值率略微下降，但是总体排名都在前三；哈萨克斯坦和文莱也得益于丰富的油气与矿产资源，常年稳居世界前列，孟加拉国的出口国内增加值率有下降趋势，但也一直稳定在前 10 位；美国和日本出口国内增加值率的排名变动幅度较大；澳大利亚在近些年来的地位和排名十分稳定，而不丹则呈先升后降的趋势；中国的出口国内增加值率和排名都在稳步提升，说明中国资本密集型行业有很大的发展潜力，在国际贸易中的影响力也越来越大。总体而言，从 2007~2019 年资本密集型行业出口国内增加值率的排名可以看出，位列前五的国家基本上趋于稳定，而排名中等靠后的国家相比之下波动较大。

表 4-5　　　　　　　　资本密集型行业出口国内增加值率排名　　　　　　单位：%

国家	2007 年	国家	2014 年	国家	2019 年
俄罗斯	91.86	文莱	93.34	文莱	88.27
文莱	83.55	哈萨克斯坦	92.54	哈萨克斯坦	87.69
孟加拉国	82.96	俄罗斯	90.21	俄罗斯	87.09
巴基斯坦	81.81	孟加拉国	83.85	印度尼西亚	86.96
巴西	81.25	巴基斯坦	81.48	中国	84.50
美国	81.11	中国	81.42	孟加拉国	83.25
印度尼西亚	80.66	不丹	80.72	美国	79.51

国家	2007 年	国家	2014 年	国家	2019 年
哈萨克斯坦	80.53	印度尼西亚	80.66	吉尔吉斯斯坦	78.66
不丹	79.17	巴西	80.40	老挝	77.09
墨西哥	78.37	美国	79.44	巴西	76.86
中国	77.60	蒙古	74.99	不丹	76.79
老挝	75.32	墨西哥	74.77	巴基斯坦	75.13
日本	74.54	吉尔吉斯斯坦	73.41	澳大利亚	73.73
澳大利亚	74.42	澳大利亚	71.51	加拿大	72.80
英国	72.07	柬埔寨	71.41	丹麦	72.33
蒙古	70.81	挪威	71.03	日本	71.08
加拿大	70.19	丹麦	69.71	蒙古	70.63
柬埔寨	68.02	加拿大	69.57	马来西亚	69.83
挪威	67.64	英国	69.01	土耳其	67.30
丹麦	67.47	老挝	66.20	英国	66.37

资料来源：根据 ADB-MRIO 数据库整理所得。

（四）劳动密集型行业出口国内增加值率排名

由表 4-6 可知，巴基斯坦的出口国内增加值率有着绝对的优势，这主要与巴基斯坦出口商品种类有关，该国主要出口商品为纺织品、皮革制品，其他次要出口商品也多为水产品、果蔬等劳动密集型产品，所以巴基斯坦历年的出口国内增加值率都保持在前二位；美国始终跻身前四，虽然美国是科技强国，但是其出口的劳动密集型产品实际上也同时属于技术密集型和资本密集型，一些典型的高科技产品同时也需要使用大量的技术型劳动力，所以美国历年来的地位稳居不下；巴西虽然在 2007 年排名第三，但是近年来巴西的排名在下降；斯里兰卡这些年主要对外出口有比较优势的纺织品，所以其排名在大幅度提升；日本在这些年的出口国内增加值率呈先降后升的趋势，但排名小幅度上升；孟加拉国、印度尼西亚等国家的优势地位逐渐丧失，而俄罗斯的地位丧失程度最为明显；中国作为最大的发展中国家，科技水平与发达国家仍有一定的差距，但是凭借国内廉价劳动力，出口国内增加值率逐渐跻身世界第一，可以看出中国的劳动密集型行业较其他发展中国家和发达国家有着独特优势。

表 4 - 6　　　　　　劳动密集型行业出口国内增加值率排名　　　　单位：%

国家	2007 年	国家	2014 年	国家	2019 年
巴基斯坦	91.86	巴基斯坦	92.14	中国	91.29
俄罗斯	89.71	中国	89.42	巴基斯坦	88.68
巴西	89.51	菲律宾	87.93	美国	87.54
美国	88.59	美国	87.64	澳大利亚	85.83
老挝	87.16	巴西	87.19	斯里兰卡	85.62
澳大利亚	85.98	俄罗斯	85.99	日本	85.17
日本	85.47	澳大利亚	85.90	老挝	85.11
中国	83.90	印度	85.55	印度	84.61
孟加拉国	83.74	哈萨克斯坦	84.33	巴西	84.56
印度尼西亚	83.45	斯里兰卡	84.05	俄罗斯	84.29
印度	83.27	老挝	82.91	泰国	81.17
蒙古	82.83	日本	81.63	菲律宾	79.75
挪威	82.28	印度尼西亚	81.24	印度尼西亚	79.27
菲律宾	81.71	孟加拉国	79.96	哈萨克斯坦	76.76
希腊	81.54	英国	79.82	英国	76.50
英国	81.11	蒙古	79.77	加拿大	74.66
意大利	80.75	挪威	79.77	意大利	74.53
尼泊尔	78.69	希腊	79.31	罗马尼亚	73.98
斯里兰卡	78.65	不丹	77.49	马来西亚	73.90
西班牙	78.44	意大利	77.43	希腊	73.66

资料来源：根据 ADB-MRIO 数据库整理所得。

二、重点国家制造业出口国内增加值率结构组成变化比较

（一）中国出口国内增加值率结构组成变化比较

一是制造业总体。由表4－7可知，制造业总体的传统贸易出口国内增加值率远高于简单价值链出口国内增加值率和复杂价值链出口国内增加值率。就数值来看，传统贸易出口国内增加值率略有下降，简单价值链出口国内增加值率整体保持上升态势，复杂价值链出口国内增加值率逐年上升。因此，制造业总体的出口国内增加值率逐年稳定上升。

表4－7　　　　　中、美、德、日出口国内增加值率结构组成变化比较　　　　单位：%

项目		2007 年				2014 年				2019 年			
		传统	简单	复杂	DVAR	传统	简单	复杂	DVAR	传统	简单	复杂	DVAR
中国	总体	46.6	16.2	12.1	74.9	45.0	22.9	14.3	82.2	46.1	21.8	17.2	85.1
	技术	46.9	10.9	10.9	68.8	46.4	18.7	13.7	78.8	47.4	17.8	17.1	82.2
	资本	13.4	40.1	24.1	77.6	15.7	42.1	23.7	81.4	17.6	40.8	26.1	84.5
	劳动	63.4	12.8	7.7	83.9	62.1	18.3	9.0	89.4	62.7	17.2	11.5	91.3
美国	总体	33.8	26.6	23.4	83.9	31.2	29.2	21.8	82.2	33.4	24.6	24.2	82.2
	技术	41.8	18.7	23.0	83.4	40.0	20.6	21.1	81.7	41.6	16.7	23.3	81.5
	资本	15.3	37.3	28.5	81.1	15.7	37.7	26.1	79.4	17.4	33.0	29.2	79.5
	劳动	39.0	32.0	17.6	88.6	38.0	33.4	16.2	87.6	38.9	29.5	19.1	87.5
德国	总体	33.7	19.6	16.8	70.1	32.1	19.3	16.8	68.2	29.0	15.6	16.5	61.1
	技术	43.1	14.2	13.5	70.9	41.4	15.4	13.3	70.0	37.7	12.4	13.6	63.6
	资本	12.8	28.8	24.7	66.3	10.9	26.3	24.9	62.1	9.8	20.5	22.7	53.0
	劳动	36.0	22.8	15.2	73.9	35.4	21.1	15.3	71.8	31.8	17.6	16.0	65.4
日本	总体	37.1	23.9	20.8	81.8	30.3	26.4	18.0	74.7	32.9	26.7	19.9	79.5
	技术	45.9	20.7	16.2	82.8	43.2	20.8	14.5	78.4	45.9	20.7	16.2	82.8
	资本	7.6	38.2	28.8	74.5	5.9	35.2	24.1	65.2	7.1	37.3	26.7	71.1
	劳动	20.3	37.6	27.6	85.5	20.4	38.2	23.0	81.6	26.6	34.9	23.7	85.2

资料来源：根据 ADB-MRIO 数据库整理所得。

二是技术密集型行业。技术密集型行业与制造业总体的趋势基本上保持一致，传统贸易出口国内增加值率常年处于绝对优势地位，且总体来说呈上升趋势，而简单价值链出口国内增加值率和复杂价值链出口国内增加值率总体来看也是上升的，因此出口国内增加值率逐年稳步提升。

三是资本密集型行业。中国资本密集型行业处于绝对优势的是简单价值链出口国内增加值率，总体来说有所上升，传统贸易出口国内增加值率逐年上升，因此出口国内增加值率也呈逐年上升趋势。

四是劳动密集型行业。传统贸易出口国内增加值率的优势最为突出，历年来都在60%以上，2007～2019年总体变化幅度不大，简单价值链出口国内增加值率总体来说是上升的，占比最小的复杂价值链出口国内增加值率逐年缓慢增长，所以劳动密集型行业的出口国内增加值率也呈逐年上升的趋势。

（二）美国出口国内增加值率结构组成变化比较

一是制造业总体。与其他国家相比，传统贸易出口国内增加值率、简单价值链出口国内增加值率和复杂价值链出口国内增加值率之间的差距是最小的，传统贸易出口国内增加值率总的来看几乎不变，简单价值链出口国内增加值率在小范围内呈现先升后降的趋势，复杂价值链出口国内增加值率正好相反。总的来看，制造业总体出口国内增加值率有所下降，但是下降幅度并不大。

二是技术密集型行业。传统贸易出口国内增加值率遥遥领先，且变化幅度不大；简单价值链出口国内增加值率是最低的，在近年来有先升后降的态势，但是下降的幅度大于上升的幅度；复杂价值链出口国内增加值率呈先降后升的趋势，但数值上变化幅度不大。因此，技术密集型行业出口国内增加值率整体上只有小幅度的下降。

三是资本密集型行业。简单价值链出口国内增加值率相比传统贸易出口国内增加值率和复杂价值链出口国内增加值率有比较优势，虽然有下降趋势，但依然保持领先地位；传统贸易出口国内增加值率逐年稳步增长；复杂价值链出口国内增加值率波动幅度较小，所以资本密集型行业出口国内增加值率在小范围内缓慢下降。

四是劳动密集型行业。传统贸易与简单价值链出口国内增加值率差距较小，二者都领先于复杂价值链出口国内增加值率，其中传统贸易出口国内增加值率的变化最小也最为平稳，简单价值链出口国内增加值率总体来看略微下降，复杂价值链出口国内增加值率总体来看不断上升。总的来看，出口国内增加值率呈小幅度的下降趋势。

（三）德国出口国内增加值率结构组成变化比较

一是制造业总体。传统贸易出口国内增加值率要高于简单和复杂价值链出口国内增加值率，其中传统贸易和简单价值链出口国内增加值率都呈下降趋势，复杂价值链出口国内增加值率也在逐年下降，但是下降幅度最小。因此，制造业总体出口国内增加值率整体明显下降。

二是技术密集型行业。虽然传统贸易出口国内增加值率稳步下降，但是依然居于绝对优势地位，简单和复杂价值链出口国内增加值率较为接近，但是两者的趋势略微不同，简单价值链出口国内增加值率呈先升后降的趋势，2019 年相比 2007 年有所下降，但是复杂价值链出口国内增加值率呈先降后升的趋势，2019 年与 2007 年持平。所以出口国内增加值率也是逐年下降的。

三是资本密集型行业。简单价值链出口国内增加值率处于优势地位，略高于复杂价值链出口国内增加值率，但是二者与传统贸易出口国内增加值率都呈下降态势，简单价值链出口国内增加值率下降幅度最大。整体来看，出口国内增加值率逐年下降。

四是劳动密集型行业。传统贸易和简单价值链出口国内增加值率的变化趋势相同，都是逐年下降，复杂价值链出口国内增加值率则缓慢上升，但出口国内增加值率依然稳步下降。

（四）日本出口国内增加值率结构组成变化比较

一是制造业总体。传统贸易出口国内增加值率更具优势，但是传统贸易出口国内增加值率整体上呈下降趋势，而简单价值链出口国内增加值率则趋于缓慢上升，复杂价值链出口国内增加值率变化不大，所以出口国内增加值率只是在小范围内下降。

二是技术密集型行业。传统贸易出口国内增加值率远大于简单价值链出口国内增加值率和复杂价值链出口国内增加值率，但较为稳定。简单价值链出口国内增加值率几乎维持在 20.7% 不变，复杂价值链出口国内增加值率总体来看也是稳定的，因此出口国内增加值率也较为稳定。

三是资本密集型行业。传统贸易出口国内增加值率、简单价值链出口国内增加值率和复杂价值链出口国内增加值率都呈先降后升的态势，导致出口国内增加值率也是先下降后上升，但总体变化幅度不大。

四是劳动密集型行业。传统贸易出口国内增加值率保持稳步增长，而简单价值链出口国内增加值率先升后降，与复杂价值链出口国内增加值率变化趋势相反，因此出口国内增加值率整体上只有0.3%的下降幅度。

（五）中美德日出口国内增加值率发展趋势对比

1. 分行业比较

首先是制造业总体，2007年美国的出口国内增加值率领先于其他国家，主要是因为简单价值链出口国内增加值率和复杂价值链出口国内增加值率都领先于其他国家，中国的传统贸易出口国内增加值率在四个国家中是最高的，但是由于存在简单价值链出口国内增加值率和复杂价值链出口国内增加值率的短板，导致中国的出口国内增加值率相比美国和日本来说都较为薄弱；2014年，中国的传统贸易出口国内增加值率依然保持绝对优势，且简单价值链出口国内增加值率与复杂价值链出口国内增加值率相比2014年有了显著提升，使得制造业总体出口国内增加值率以微小差距位于第二。美国、德国和日本制造业总体出口国内增加值率均有所下降，主要是由于传统贸易和复杂价值链出口国内增加值率下降导致；2019年，中国的出口国内增加值率超越美国，成为世界第一，这主要得益于中国传统贸易出口国内增加值率稳居第一，且复杂价值链出口国内增加值率显著提高。美国的传统贸易和复杂价值链出口国内增加值率均有所提高，但是简单价值链出口国内增加值率显著下降。日本与美国差距逐渐缩小，传统贸易、简单价值链出口国内增加值率与复杂价值链出口国内增加值率都呈上升趋势。德国的三种增加值率都是下降的，所以导致制造业出口国内增加值率逐年下降。

其次是技术密集型行业，2007年美国的出口国内增加值率领先于其他国家，主要体现在简单价值链出口国内增加值率和复杂价值链出口国内增加值率上的优势。虽然日本的传统贸易出口国内增加值率高于美国，但是由于复杂价值链出口国内增加值率显著低于美国，所以导致技术密集型行业出口国内增加值率略低于美国；2014 年，美国、德国和日本的出口国内增加值率均有所下降，而中国却显著上升，仅次于美国，这主要是因为传统贸易出口国内增加值率保持优势，且简单价值链出口国内增加值率和复杂价值链出口国内增加值率显著提升。美国的出口国内增加值率略微下降是由于传统贸易和复杂价值链出口国内增加值率的小幅度下降导致的。日本的下降原因与美国相同，德国则几乎无变化；2019 年，美国虽然在传统贸易和复杂价值链出口国内增加值率上略微上升，但是由于简单价值链出口国内增加值率下降，因此美国的出口国内增加值率变化不大。日本由于传统贸易和复杂价值链出口国内增加值率的上升使出口国内增加值率超越美国，中国主要得益于复杂价值链出口国内增加值率显著增长，出口国内增加值率呈上升趋势。德国由于传统贸易和简单价值链出口国内增加值率均显著下降，导致出口国内增加值率显著下降。

再次是资本密集型行业，2007 年美国出口国内增加值率排名第一。中国的简单价值链出口国内增加值率高于美国，但是传统贸易和复杂价值链出口国内增加值率都与美国存在一定的差距，所以出口国内增加值率相比美国略低。日本虽然在简单价值链出口国内增加值率和复杂价值链出口国内增加值率上具有一定的优势，但是传统贸易出口国内增加值率与其他国家差距较大。而德国主要是因为简单价值链出口国内增加值率这一短板，成为四个国家中出口国内增加值率最低的国家；2014 年中国的技术密集型行业发展势头迅猛，出口国内增加值率位列第一，主要得益于传统贸易和简单价值链出口国内增加值率的提升。美国的出口国内增加值率下降主要是简单价值链出口国内增加值率和复杂价值链出口国内增加值率的小范围下降。日本和德国传统贸易、简单价值链出口国内增加值率与复杂价值链出口国内增加值率均呈下降态势；2019 年中国依然保持着迅猛发展的势头，出口国内增加值率领先于其他三个国家，传统贸易和复杂价值链出口国内增加值率都呈上升趋势。而美国正是因为简单价值链出口国内增加值率下降幅度大，传统贸易和复杂价值链出口国内增加值率虽呈上升趋势，但是不敌中国。

最后是劳动密集型行业，2007 年美国的出口国内增加值率均高于其他国家，中国的传统贸易出口国内增加值率较高，但是简单和复杂价值链出口国内内增加值率是四个国家中最低的，所以出口国内增加值率不敌美国和日本。日本的复杂价值链出口国内增加值率带来的绝对优势使得日本稳居第二。德国的简单价值链出口国内增加值率和复杂价值链出口国内增加值率均高于中国，但是传统贸易出口国内增加值率不敌中国，所以排名靠后；2014 年，中国简单价值链出口国内增加值率增长较快，所以中国稳居第一。美国的总体趋势变化不大。日本的传统贸易和简单价值链出口国内增加值率虽有小幅度提升，但是由于复杂价值链出口国内增加值率下降幅度略大，导致日本的出口国内增加值率下降。德国总的来说下降幅度不大。2019 年，中国复杂价值链出口国内增加值率的提高以及传统贸易出口国内增加值率的绝对领先地位使得中国稳居第一。美国出口国内增加值率常年趋于稳定，变化幅度不大。日本的简单价值链出口国内增加值率有所下降，但是由于传统贸易出口国内增加值率显著上升，所以出口国内增加值率依然上升。德国由于传统贸易和简单价值链出口国内增加值率均呈下降趋势，所以出口国内增加值率也是下降的。

2. 增加值率结构比较

2007～2019 年中国制造业总体传统贸易出口国内增加值率明显高于其他国家，这主要是因为中国的劳动密集型行业传统贸易出口国内增加值率形成了绝对优势，且技术密集型行业也高于其他国家。日本排名紧跟其后，虽然劳动密集型行业传统贸易出口国内增加值率不敌中国，但是技术密集型行业十分突出。美国在技术与劳动密集型行业的传统贸易出口国内增加值率不如中国，这也是导致美国制造业总体传统贸易出口国内增加值率低的最主要原因。德国在技术密集型行业的传统贸易出口国内增加值率上具有显著优势，但是资本和劳动密集型行业相对处于劣势，所以导致德国的制造业总体传统贸易出口国内增加值率较低。2007～2019 年中国的制造业总体简单价值链出口国内增加值率显著低于美国和日本，主要是因为技术和劳动密集型行业不如美国和日本，但是随着中国的技术密集型行业的发展，简单价值链出口国内增加值率也在逐步提高，2019 年已经超过美国。

2007～2014 年美国的制造业总体简单价值链出口国内增加值率高于日本，但是技术与劳动密集型行业日本更胜一筹。2019 年，日本的制造业总体简单价值链出口国内增加值率高于美国，主要体现在三类行业的增加值率均具有显著优势。2007～2019 年德国的制造业总体简单价值链出口国内增加值率均低于美国和日本，且三类行业的增加值率大多数都低于美国和日本。中国与德国制造业总体的复杂价值链出口国内增加值率都十分薄弱，另外，中国与美国、日本的差距体现在三类行业的复杂价值链出口国内增加值率都存在较大差距，虽然劳动密集型行业的出口国内增加值率高于美国和日本，但是由于技术和资本密集型行业差距较大，导致中国制造业总体出口国内增加值率的水平低于美国和日本。德国在这三类制造业的出口国内增加值率均低于美国和日本。2014～2019 年，中国的制造业总体出口国内增加值率超过美国，同样也是资本密集型和劳动密集型行业给中国带来的显著优势，而美国的制造业出口国内增加值率高于日本，主要因为这三类行业出口国内增加值率都领先于日本。同样，因为德国在这三类制造业中的比较优势逐渐丧失，所以德国的制造业出口国内增加值率水平明显低于其他国家。

第五章

国际运输贸易网络特征对制造业
出口国内增加值率影响的机理分析

随着国际贸易竞争的不断加剧，制造业服务化程度日益提高，作为主要生产服务业的物流服务贯穿于企业的各个生产环节，为制造企业全球价值链各环节的顺利运转提供了有力保障，已成为提升制造业竞争优势的重要来源（梁红艳和王健，2012）。本部分将从运输贸易对制造业出口国内增加值率的影响、运输贸易网络中心性特征对制造业出口国内增加值率的影响、运输贸易网络中心性特征对不同行业出口国内增加值率提升影响的异质性三个方面来探讨国际运输贸易网络特征对制造业出口国内增加值率的影响。

第一节
运输贸易对制造业出口国内增加值率的影响

一、成本节约效应

随着全球经济一体化不断推进，制造业国际生产分割迅速推进。由于全球国际生产分割决定了不同经济体需要进口大量零部件、半成品等中间投入品，然后将这些中间产品与国内增加值部分相结合，以生产最终产品或生产下一阶段的中间投入品以供再出口，这就涉及大量中间品的多次跨境运输。企业运输成本是重要的成本源之一，运输成本又取决于物流基础设施的质量（Limo and Venables，2001）。之前航空单位距离运输成本高于陆上运输成本，近年来，由于航空运输成本的不断降低，航空运输量日益增加，运输便捷高效且成本急剧下降的空运把分布于全球各地的全球生产环节通过中间产品贸易有效连接起来，特别是随着物流服务数字化、精细化与高级化供给能力的明显增强，主要制造业领域物流运输成本不断下降使得制造业与物流业协同发展有了良好的基础，二者联动发展的步伐不断加快。因此，随着制造业生产规模扩大和生产效率提高，供应链发展水平大幅提升，物流运输业在促进制造业降本增效等方面的作用也显著增强。

二、效率提升效应

由于货物贸易受到存货成本的影响，时间越长，成本就越高，也会受到易腐易烂因素的影响，除此之外受技术快速过时等因素的影响也较大，因此货物贸易对时间要求越来越高。无论是哪一类中间产品都要进行多次跨境交易，海运、陆运、空运等多种运输服务的质量对于节约企业时间具有显著影响，随着全球范围内贸易商品的流转，时间越来越成为企业能否占据先机的决定性因素之一。零部件等中间产品贸易与最终产品贸易相比，对时间的敏感度大约提高了 60%（Hummels and Schaur，2013），特别是高新技术行业对时间敏感度更高（王永进和黄青，2017）。而长期以来，耗时长和低效率物流运输服务都是追求制造业快速发展的欠发达国家的一大难题。伴随着物流基础设施质量的提高，相关产业部门也会得到发展（林梦瑶和张中元，2019）。另外，中国贸易合作方若提升物流基础设施质量，同样有利于提高中国初级产业、制造业部门中对物流设施服务特别敏感的产业参与全球价值链的程度。此外，物流基础设施质量越高、物流体系建设越完善、物流运输竞争力越高越可节约运输与生产时间，有助于企业成本节约、生产效率和出口国内增加值率提升（董宇和杨晶晶，2016）。

三、价值创新效应

智慧物流包含仓储、运输、配送等物流系统中的各环节以及现代科学领域最先进的数字技术。智慧物流实质上就是将数字技术系统科学地与物流环节结合，将数字技术引入物流行业中，从而达到降本增效的目的。随着数字经济的发展，智慧物流在我国传统制造业发展中发挥更大的作用，因为它更加贴合我国传统产业转型升级的发展状况，更易满足传统行业数字化转型需求。根据德勤中国《中国智慧物流发展报告（2017）》，随着数字化不断融入现代生活，消费者对产品的需求与生产者产品供给与以往存在较大差异，对智慧物流的需求也越来越大。

数字经济下，消费者对产品的特殊需求有所改变。由于当下消费者的消费能力增强，有足够的收入追求定制化、差异化的产品，而不单是青睐规模化和标准化的大众产品。随着消费者需求的转变，定制具有独特性、差异化的产品需要借助数字平台，除此之外，随着当今社会的快速发展，交易方式也发生了较大的改变，不仅是通过现金支付，也会借助数字平台。通过数字化传输的方式，商家能快速获取消费者订单信息，提升消费者体验，这必然会对快捷高效的物流有更大的需求，智慧物流的诞生能更大程度上满足这一点。为了实现客户信息追踪，使消费者继续购买符合其需求的定制化商品或者物美价廉的商品，就需要通过大数据、云计算等先进科技手段，快速捕捉消费者信息。在数字化生产下，通过数字化平台将消费者需求与智能生产制造连接起来，便可以满足柔性化、定制化等生产要求。另外，消费者可在网络平台参与商品设计和改造，因此在数字化生产中，对于商品的研发设计可以体现出融入消费者的理念，商家便能精准把握消费者独具风格的定制需求并根据消费者提出的建议进行修改。这就在原本分散化生产的基础上，结合数字技术的发展，产生了利用大数据获取消费者需求信息、利用智能化与高效化物流优化产品生产布局的新要求，同时也进一步提高了国际运输贸易中对中间产品物流运输低成本、高效率的要求，智慧物流迎来了光明的发展前景。智慧物流的发展也促进了其他相关产业的发展，可以使企业优势资源集中于最有效率的生产部门，促进企业的价值创新。

第二节

运输贸易网络中心性特征对制造业
出口国内增加值率的影响

一、需求角度：正向技术溢出

一国的物流运输贸易需求网络中心性特征反映了某国对其他国家（地区）的物流服务消耗，也反映出该国物流业对其他国家（地区）的依赖程度和经济拉动力。某经济体运输贸易需求网络中心性特征的提高说明其向世界各国进口运输服务的贸易伙伴较多。可通过以下几种方式提高制造业出口国内增加值率：（1）刺激竞争效应：促进国内外运输服务的竞争，导致国内外运输服务的优胜劣汰，因此为提高竞争优势，企业纷纷谋求自身发展最优路径，进而在国内优良的市场竞争氛围下大大提升国内运输服务的竞争力；（2）促进创新效应：经过国内外运输服务的激烈竞争，国内的人、财、物等相关资源就会向拥有更高运输服务质量的部门集聚，提高运输服务业技术支撑和资金支持力度，提升国内运输服务的创新能力；（3）促进协同渗透：国外高质量低成本的运输服务进入国内市场，与国内运输服务业竞争，刺激国内运输业提高竞争力，通过竞争提高企业的创新能力。在这种竞争与创新效应的作用下，国内外最优质的运输服务会协同向制造业渗透，或作为中间投入或充当协调价值链有效运转的润滑剂，促进制造业成本降低、效率提升与价值的创新，导致制造业出口国内增加值率提升。

二、供给角度：逆向技术溢出

一国的物流运输贸易供给网络中心性特征反映了某国物流业为其他国家

（地区）提供生产支撑的能力，也反映了其他国家（地区）对该国物流业的依赖性和拉动力。如果某经济体物流运输贸易供给网中心性特征大，通过向技术更发达的其他国家出口，可以学习到先进的技术和管理经验，反哺国内运输服务业，即通过逆向技术溢出效应，运输服务竞争力会得到进一步增强，同样再通过成本降低、效率提升与价值创新等作用，促进制造业生产率提升与半成品、零部件等中间产品出口的大幅增加，进而推动其全球价值链地位与出口国内增加值率的提升。

根据以上分析提出假设 1：物流运输贸易网络中心性特征对制造业出口国内增加值率具有显著的正向影响。

第三节
运输贸易网络中心性特征对不同行业出口国内增加值率影响的异质性

由于不同技术密集型行业分工细化程度以及对物流运输的需求不同，劳动密集型制造业生产大量的食品、皮革及纺织等生活必需品，拥有广阔的国内外市场，消费者需求旺盛，因此对物流业的需求最大。企业为扩大利润空间，更多强调成本的节约。但技术密集型制造业如电子产品等，大多位于全球价值链顶端，对物流运输时间要求高，更强调物流的高效性与价值创新效应。

技术密集型行业的产品更新换代较快，从技术创新到技术过时的时间缩短，所以企业注重运输时间的节约，甚至中间产品采购的时间也在逐渐缩短，这对企业在技术变革中占据领先地位尤为重要，运输贸易网络中心性特征的提高会对企业比较优势与绩效提升产生重要影响。因此，运输贸易网络中心性特征对技术密集型行业出口国内增加值率提升的影响更大。

根据以上分析提出假设 2：运输贸易网络中心性特征对不同技术密集型制造业出口国内增加值率提升的影响具有差异性，对技术密集型行业的影响更大。

第六章

国际运输贸易网络特征对制造业
出口国内增加值率影响的实证分析

前文梳理了国际运输贸易网络特征以及制造业出口国内增加值率的现状，可以发现国际运输贸易网络特征与制造业出口国内增加值率的提升具有一定的相关性。本章采用全球 47 个重点国家运输贸易网络特征和出口国内增加值率的数据，从需求与供给角度（即点入度与点出度的角度）构建计量模型，针对总运输贸易网络的点入度、点出度对制造业总体、技术密集型行业、资本密集型行业、劳动密集型行业的出口国内增加值率的影响进行实证检验，并对海运、陆运、空运和其他运输的分运输贸易网络以及传统贸易出口国内增加值率、简单价值链出口国内增加值率、复杂价值链出口国内增加值率、全球价值链出口国内增加值率以及国外增加值率等各项增加值率分样本的异质性影响进行比较分析。

第一节

需求网角度

一、模型设定与变量选取

本书将制造业出口国内增加值率 DVAR 作为被解释变量，国际运输贸易网络特征中的点入度 Indegree 作为核心解释变量，并在参考王曼（2015）研究的基础上建立如下模型：

$$DVAR_{it} = \beta_0 + \beta_1 LnIndegree_{it} + \beta_2 LnEX_{it} + \beta_3 LnGDP_{it}$$
$$+ \beta_4 LnFDI_{it} + \beta_5 LnSCALE_{it} + u_{it} \qquad (6-1)$$

其中，i 表示国家，t 表示时间，β_i 为待估参数，u_{it} 为随机误差项。

（一）被解释变量

上文已经对 DVAR 的测算方法和资料来源作了详细的说明，本书选用制造业总体 DVAR、技术密集型行业 DVAR、资本密集型行业 DVAR、劳动密集型行业 DVAR 作为被解释变量，依次进入模型。

（二）解释变量

Indegree 点入度反映了该国对其他国家（地区）的物流服务消耗，也反映出该国对其他国家（地区）物流业的依赖程度和拉动力。点入度越高，说明其从世界各国进口运输服务的贸易伙伴越多，可通过刺激竞争效应提升国内运输服务的竞争力，促使国内优质资源向更高运输服务质量的部门集聚，提升国内运输服务的创新效应。在竞争效应和创新效应下，国内外最优质的运输服务会协同向制造业渗透，或作为中间投入或充当协调价值链有效运转的润滑剂，促进制造业成本降低、效率提升与价值的创新，实现制造业出口国内增加率提升。

（三）控制变量

1. 出口规模（EX）

本书的出口规模用商品的出口额来表示，一方面出口规模大代表比较优势较强，生产率较高，不论是中间产品还是最终产品出口，出口国内增加值率均较高；另一方面，出口规模的扩大会促进企业获得更多的规模经济效应，进而使企业有资金抓住更多学习国内外最先进管理经验的机会，引进先进的机器设备，促进生产技术的进步与效率的提升，进而提高出口国内增加值率。预估 EX 的回归系数为正，资料来源于世界银行（WDI）。

2. 国内生产总值（GDP）

国内生产总值是体现国家综合国力和市场竞争优势的重要指标，经济规模也随之成为影响出口国内增加值率的重要因素，GDP 不仅代表了一国的经济实力，同时也代表着其国内的市场需求，GDP 越大的国家，市场需求量就越大，嵌入全球价值链的程度越深，进而对出口国内增加值率影响就越深远。预估 GDP 的回归系数为正，资料来源于世界银行（WDI）。

3. 外商直接投资（FDI）

本书的外商直接投资采用外商直接投资净流入总额进行衡量。一国不仅可以通过外商直接投资扩大贸易规模，也可以从中获得管理经验、技术溢出等效应，有利于提高企业的经营效率，促进企出口国内增加值率提升。预估 FDI 的回归系数为正，资料来源于世界银行（WDI）。

4. 行业规模（SCALE）

本书的行业规模采用的是工业增加值，行业规模的扩大有利于促进其参与产品内分工程度的深化，增强产品竞争力，提升出口国内增加值率。预估 SCALE 的回归系数为正，资料来源于世界银行（WDI）。

二、总样本回归

根据上文设定的模型和变量，把相关数据输入软件 Stata16.0，对国际运输贸易网络特征中的点入度及其他相关变量促进制造业出口国内增加值率提升的效应进行计量检验。首先对变量进行单位根检验，避免伪回归。

如表 6-1 所示，在该模型中，相关变量在 LLC 检验、HT 检验中的 P 值均小于 0.1，所以拒绝存在单位根的原假设，面板是平稳的。

表 6-1　　　　　　　　　　　单位根检验结果

变量	LLC 检验		HT 检验	
	统计量	P 值	统计量	P 值
DVAR	- 3.2800	0.0034	0.5262	0.0002
LnIndegree	- 2.3189	0.0014	0.4877	0.0000
LnEX	- 3.7206	0.0002	0.4821	0.0000
LnGDP	- 1.3515	0.0001	0.5336	0.0006

续表

变量	LLC 检验		HT 检验	
	统计量	P 值	统计量	P 值
LnFDI	− 7.8483	0.0013	0.4563	0.0024
LnSCALE	− 5.6847	0.0004	0.5826	0.0009

资料来源：根据 Stata 结果整理。

在使用面板数据进行回归时，首先需通过 hausman 检验判定选择使用固定效应模型还是随机效应模型。将数据输入 Stata 软件可以得出，第一个模型的变量设为 LnIndegree 时，P 值大于 0.05，所以采用随机效应模型进行分析，而依次加入其他变量时，这些模型的 P 值小于 0.05，因此采用固定效应模型。表 6 − 2 为点入度对制造业出口国内增加值率影响的回归结果，变量（2）至变量（5）分别为依次加入出口规模、国内生产总值、外商直接投资、行业规模后的回归结果。

表 6 − 2　　　　　　点入度对制造业出口国内增加值率的回归检验结果

变量	（1）	（2）	（3）	（4）	（5）
lnIndegree	0.033 *** （5.93）	0.038 *** （5.84）	− 0.060 *** （− 7.60）	− 0.040 *** （− 6.02）	− 0.040 *** （− 6.04）
lnEX	—	− 0.002 （− 1.49）	− 0.001 * （− 1.69）	− 0.045 *** （− 16.21）	− 0.044 *** （− 15.73）
lnGDP	—	—	0.089 *** （16.69）	0.141 *** （25.14）	0.137 *** （23.71）
lnFDI	—	—	—	0.048 *** （16.19）	0.046 *** （15.38）
lnSCALE	—	—	—	—	0.041 *** （3.01）
_cons	0.545 *** （39.95）	0.564 *** （29.81）	0.226 *** （8.93）	1.048 *** （19.66）	0.909 *** （12.93）

注：＊、＊＊、＊＊＊分别表示统计量在 10%、5%、1% 的水平上显著，括号内为 T 值。
资料来源：根据 Stata 结果整理。

从表 6 - 2 的回归结果来看，该模型的 Indegree 估计系数为 0.033，通过了 1% 的显著性检验，说明点入度对制造业出口国内增加值率提升具有显著正向影响。

与预期不符的是，EX 在该模型中对制造业出口国内增加值率的系数为负，说明出口对制造业出口国内增加值率有反向作用。一般来说，随着出口规模的扩大，企业会提高出口效率和技术创新水平，从而提高出口国内增加值。可能是由于制造业出口中大量加工贸易的存在，出口商品中包含大量的外国增加值，随着出口规模的扩大，出口国内增加值率不仅没有提升，还不断降低，因此会出现显著为负的情况。

GDP 对制造业出口国内增加值率的回归系数为正，且都通过了 1% 的显著性检验，表明 GDP 的增加对出口国内增加值率的提升具有显著的正向影响。GDP 代表国家经济发展水平，经济发展水平越高，就越能处于价值链的顶端，获得更多的增加值，因此对出口国内增加值率具有积极的正向影响。此外，GDP 的增加使企业有资金和能力扩大规模，促进企业转型升级，提高企业的经营效率与全球价值链分工地位，进而促进出口国内增加值率的提升。

FDI 对制造业出口国内增加值率的回归系数为正，且通过了 1% 的显著性检验，说明外国直接投资对制造业出口国内增加值率具有显著的正向影响。原因主要有以下两点：第一，FDI 为东道国带来了先进的技术和管理经验，东道国的企业可以在"干中学"中改善企业的经营模式，提高运营效率，推动技术革新，从而提高出口国内增加值；第二，外资流入可以促进产业集聚效应和全球价值链前后向关联效应的发挥，进而对全球价值链地位与制造业出口国内增加值率产生积极影响。

SCALE 对制造业出口国内增加值率的回归系数为正，且通过了 1% 的显著性检验，说明行业规模的扩大能够对制造业出口国内增加值率产生正向影响。行业规模通常代表规模经济的变量，所以行业规模的扩大，一方面可以实现产品的标准化和专业化，降低成本，增加企业出口竞争力；另一方面可以完善国内产业链，减少对国外产品的依赖，促进国内企业更快走向全球价值链的高端位置，提高制造业出口国内增加值率。

三、调整样本期检验

为保证结果的准确性与稳定性，本书通过调整样本期检验的方法，将时间区间划分为 2007 ~ 2013 年与 2014 ~ 2019 年，对比分析点入度对制造业出口国内增加值率的影响。如表 6 - 3 所示，通过对比回归结果可以发现，不同样本期的正负性与显著性并未发生明显改变，说明回归结果稳健性较好。

表 6 - 3　　　　　　　　　　　　调整样本期检验结果

变量	2007 ~ 2019 年	2007 ~ 2013 年	2014 ~ 2019 年
lnIndegree	0. 033 *** (5. 93)	0. 029 *** (4. 11)	0. 037 *** (4. 31)
lnEX	- 0. 002 (- 1. 49)	- 0. 003 * (- 1. 66)	- 0. 001 (- 0. 44)
lnGDP	0. 089 *** (16. 69)	0. 085 *** (12. 08)	0. 095 *** (11. 81)
lnFDI	0. 048 *** (16. 19)	0. 042 *** (11. 31)	0. 057 *** (12. 29)
lnSCALE	0. 041 *** (3. 01)	0. 054 *** (2. 99)	0. 006 * (0. 31)

注：*、**、*** 分别表示统计量在 10%、5%、1% 的水平上显著，括号内为 T 值。
资料来源：根据 Stata 结果整理。

四、分行业回归

本小节是在点入度对制造业出口国内增加值率提升影响总体回归的基础上，将制造业分为技术密集型、资本密集型、劳动密集型进行分行业回归，重点探究点入度对不同要素密集型制造业出口国内增加值率的影响差异。通过 hausman 检验可知，技术密集型和劳动密集型制造业的 P 值都小于 0.05，可以使用固定效应模型进行分析，而资本密集型制造业 P 值略大于 0.05，故采用随机效应模型（如表 6 - 4 所示）。

表 6 – 4　　　点入度对制造业分行业出口国内增加值率的回归检验结果

变量	技术密集型	资本密集型	劳动密集型
lnIndegree	0. 041 *** (7. 17)	0. 035 *** (5. 73)	0. 029 *** (6. 25)
lnEX	− 0. 002 (− 1. 41)	− 0. 001 (− 0. 62)	− 0. 005 *** (− 3. 97)
lnGDP	0. 067 *** (10. 89)	0. 097 *** (16. 58)	0. 077 *** (18. 08)
lnFDI	0. 059 *** (18. 15)	0. 045 *** (12. 87)	0. 038 *** (16. 69)
lnSCALE	0. 038 ** (2. 55)	0. 083 *** (5. 28)	0. 056 *** (5. 49)
_cons	1. 166 *** (14. 90)	0. 630 *** (7. 67)	0. 857 *** (16. 09)

注：*、**、***分别表示统计量在10%、5%、1%的水平上显著，括号内为 T 值。
资料来源：根据 Stata 结果整理。

　　由表 6 – 4 可知，Indegree 对三种行业的出口国内增加值率均呈现显著的正向影响，而且都通过了 1% 的显著性检验。从这三者的系数来看，点入度对技术密集型行业的出口国内增加值率提升效果最为显著。因为在技术密集型行业，产品的更新换代较快，从技术创新到技术过时的时间缩短，所以企业注重运输时间的节约，甚至是中间产品采购的时间也在逐渐缩短，这对企业在技术变革中占据领先地位尤为重要，点入度的提高会对企业比较优势与绩效提升产生重要影响，所以对技术密集型行业出口国内增加值率影响更大。劳动密集型行业的正向影响程度低于技术密集型行业，但高于资本密集型行业，主要是因为劳动密集型制造业由于市场需求旺盛，对物流业的需求更大，与技术密集型行业注重价值创新相比，更强调成本的节约，所以影响程度次于技术密集型行业。资本密集型行业大多为化工等流程型产业，不像技术密集与劳动密集型产业大多为离散型产业，产品内分工程度相对较小，对物流运输的需求相对较弱，所以运输网络中心性特征对资本密集型行业出口国内增加值率的提升影响最小，但仍为显著正向影响。

与预期不同，EX 对三种行业的出口国内增加值率呈负向影响，说明出口对制造业出口国内增加值率有反向作用。一般来说，随着出口规模的扩大，企业会提高出口效率和技术创新水平，从而提高出口国内增加值率。但是由于技术密集型、资本密集型和劳动密集型行业出口中大量加工贸易的存在，出口商品中包含着大量的外国增加值，随着出口规模的扩大，出口国内增加值率并没有提升，反而不断降低，因此会出现显著为负的情况。

GDP 对三种行业出口国内增加值率均为显著的正向影响，且都通过了 1% 的显著性检验，说明 GDP 的增加对三者都有积极影响。其中，GDP 对资本密集型行业的影响最大，说明随着 GDP 的增加，经济发展水平不断提升，企业有充足的资金和更为先进的技术改善生产工艺流程，促进资本密集型行业加快转型升级，扩大产业链各环节的增加值，所以资本密集型行业出口国内增加值率受 GDP 的影响最大。

FDI 对三种行业的出口国内增加值率均为显著的正向影响，且都通过了 1% 的显著性检验，其中外资流入对技术密集型行业出口国内增加值率的影响最大，可以给东道国带来先进的技术和管理经验，通过技术革新，提高制造业技术水平和全球价值链分工地位。东道国企业利用外资流入的技术溢出效应获得更多的增加值收益，而资本密集型和劳动力密集型行业获得增加值相对较少。

SCALE 对三种行业出口国内增加值率均为正向影响，说明行业规模的扩大有利于三种行业出口国内增加值率的提高。其中对资本密集型行业的影响最大，可能是因为资本密集型行业工艺流程较为专业和先进，能够实现产品的标准化和专业化，受到国内外双重规模经济的影响，实现了更为理想的规模经济效益。

五、分运输贸易网络回归

前文分析了总运输网络的点入度对制造业总体及分行业出口国内增加值率的影响，在此基础上，本部分继续研究分运输贸易网络的点入度对制造业总体出口国内增加值率的影响。为了对回归结果进行更直观清晰的对比，本书将重点展示解释变量与被解释变量的数据，由于控制变量的实证检验结果在前文已做详细阐述，在此便不再解释说明。

表6-5为分运输贸易网络的点入度对制造业出口国内增加值率的回归检验结果，lnIndegree1为海运贸易网络的点入度，lnIndegree2为陆运贸易网络的点入度，lnIndegree3为空运贸易网络的点入度，lnIndegree4为其他运输贸易网络的点入度，模型（1）是解释变量对被解释变量的回归，模型（2）至模型（5）是依次加入其他控制变量后，解释变量对被解释变量的回归。

表6-5　　分运输贸易网络点入度对制造业出口国内增加值率的回归检验结果

变量	模型（1）	模型（2）	模型（3）	模型（4）	模型（5）
lnIndegree1	0.001 (0.13)	0.004 (0.52)	-0.044*** (-6.29)	-0.040*** (-7.26)	-0.039*** (-7.09)
lnIndegree2	0.043*** (8.40)	0.049*** (8.53)	-0.011 (-1.64)	-0.001 (-0.20)	0.002 (0.40)
lnIndegree3	0.005 (0.76)	0.012 (1.48)	-0.057*** (-6.94)	-0.032*** (-4.66)	-0.028*** (-4.15)
lnIndegree4	0.017*** (2.99)	0.018*** (2.92)	-0.019*** (-3.65)	-0.018*** (-3.80)	-0.017*** (-3.57)

注：*、**、***分别表示统计量在10%、5%、1%的水平上显著，括号内为T值。
资料来源：根据Stata结果整理。

由表6-5的回归结果可以看出，对于海运贸易网络来说，点入度对制造业出口国内增加值率的影响为正，但是影响不显著；对于陆运贸易网络来说，回归系数为0.043，且通过了1%的显著性检验；空运贸易网络的点入度与制造业出口国内增加值率的回归系数为0.005，未通过显著性检验；其他运输贸易网络的点入度与制造业出口国内增加值率的回归系数为0.017，且通过了1%的显著性检验。总的来说，陆运贸易网络的点入度对制造业出口国内增加值率的影响最大，主要原因是陆运贸易网络中的区域性特征更加明显，地缘上的接近可以使各国制造业之间形成较为稳固的贸易关系，通过出口运输服务提高运输服务竞争力，再通过促进竞争、价值创新等效应促进制造业生产率提升以及出口国内增加值率的提升。

六、分项增加值率回归

表 6-6 为总运输贸易网络的点入度对传统贸易出口国内增加值率、简单价值链出口国内增加值率、复杂价值链出口国内增加值率、全球价值链出口国内增加值率以及国外增加值率的回归检验结果。模型（1）为解释变量对被解释变量的回归结果，模型（2）至模型（5）为分别加入其他控制变量的回归结果。

表 6-6　　　　　　　点入度对其他五种增加值率的回归检验结果

变量	模型（1）	模型（2）	模型（3）	模型（4）	模型（5）
	传统				
lnIndegree1	0.010 *** (3.05)	-0.001 (-0.25)	-0.041 *** (-7.42)	-0.031 *** (-6.26)	-0.031 *** (-6.25)
	简单				
lnIndegree2	0.012 *** (4.47)	0.021 *** (7.39)	-0.019 *** (-5.44)	-0.011 *** (-3.64)	-0.011 *** (-3.64)
	复杂				
lnIndegree3	0.013 *** (6.03)	0.018 *** (8.85)	0.001 (0.18)	0.004 (1.40)	0.004 (1.46)
	全球				
lnIndegree4	0.022 *** (5.62)	0.039 *** (8.86)	-0.019 *** (-3.33)	-0.009 (-1.60)	-0.009 (-1.58)
	FVAR				
lnIndegree5	-0.023 *** (-6.10)	-0.030 *** (-6.66)	0.031 *** (5.99)	0.021 *** (4.24)	0.021 *** (4.25)

注：*、**、*** 分别表示统计量在 10%、5%、1% 的水平上显著，括号内为 T 值。
资料来源：根据 Stata 结果整理。

由表 6-6 可知，总运输贸易网络的点入度对传统贸易出口国内增加值率、简单价值链出口国内增加值率、复杂价值链出口国内增加值率、全球价值链出口国内增加值率的回归系数全部为正，且通过了1%的显著性检验，其中点入度对全球价值链出口国内增加值率的回归系数最大，复杂价值链其次。点入度对国外增加值率的影响显著为负，说明点入度对出口国内增加值率呈正向影响。综合以上回归结果可知，一国向其他国家进口运输服务，通过刺激竞争和创新效应，使国内外优质服务协同向制造业渗透，提高了本国制造业生产效率，使得制造业中间产品出口用于其他国家再生产，生产链的附加值提高，由此产生的全球价值链出口国内增加值最大。其中，进口运输服务对于制造业复杂价值链出口国内增加值率的影响大于对简单价值链出口国内增加值率的影响，可能是因为复杂价值链出口对运输服务要求更高，所以运输服务中心性特征的提高对出口国内增加值率提升的边际影响更大。

第二节

供给网角度

一、模型设定与变量选取

将制造业出口国内增加值率 DVAR 作为被解释变量，国际运输贸易网络特征中的点出度 Outdegree 作为核心解释变量，建立如下模型：

$$DVAR_{it} = \beta_0 + \beta_1 LnOutdegree_{it} + \beta_2 LnEX_{it} + \beta_3 LnGDP_{it}$$
$$+ \beta_4 LnFDI_{it} + \beta_5 LnSCALE_{it} + u_{it} \quad (6-2)$$

其中，i 表示国家，t 表示时间，β_i 为待估参数，u_{it} 为随机误差项。

（1）被解释变量为 DVAR 出口国内增加值率，本书选用制造业总体 DVAR、技术密集型行业 DVAR、资本密集型行业 DVAR、劳动密集型行业 DVAR 作为被解释变量，依次进行实证分析。

（2）解释变量为 Outdegree 点出度，一国在运输贸易出口网络的中心性特征，反映某国物流运输业为其他国家（地区）提供生产支撑，也反映其他国家（地区）对该国物流运输业的依赖性和拉动力。点出度越大，说明其会向更多的贸易伙伴出口运输服务，再通过逆向技术溢出效应使运输服务竞争力进一步增强，同样通过成本降低、效率提升与价值创新等作用，促进制造业生产率提升与半成品、零部件等中间产品的出口大幅增加，进而推动其在制造业全球价值链中上游度与出口国内增加值率的不断提升。

（3）控制变量（与点入度的控制变量相同）：将出口规模（EX）、国内生产总值（GDP）、外商直接投资（FDI）、行业规模（SCALE）作为控制变量。

二、总样本回归

根据上文设定的模型和变量，把相关数据输入软件 Stata16.0，对国际运输贸易网络特征中的点出度及其他相关变量促进制造业出口国内增加值率提升的效应进行计量检验。首先对变量进行单位根检验，避免伪回归。

如表 6 – 7 所示，在该模型中，五个变量在 LLC 检验、HT 检验中的 P 值均小于 0.1，所以拒绝存在单位根的原假设，面板是平稳的。

表 6 – 7　　　　　　　　　　　　单位根检验结果

变量	LLC 检验		HT 检验	
	统计量	P 值	统计量	P 值
DVAR	– 2.0663	0.0158	0.5328	0.0000
LnOutdegree	– 2.3452	0.0017	0.5909	0.0005
LnEX	– 2.9314	0.0001	0.4972	0.0000
LnGDP	– 0.5598	0.0175	0.3319	0.0007
LnFDI	– 8.8125	0.0000	0.4476	0.0000
LnSCALE	– 6.0222	0.0000	0.5967	0.0029

资料来源：根据 Stata 结果整理。

在使用面板数据进行回归时，首先要通过 hausman 检验来判定选择使用固定效应模型还是随机效应模型，通过将数据输入 Stata 软件可以得出，第一个模型的变量设为 Outdegree 时，P 值小于 0.05，所以采用固定效应模型进行分析，依次加入其他变量 EX、GDP 时 P 值均小于 0.05，采用固定效应模型，而加入 FDI、SCALE 时，P 值大于 0.05，所以使用随机效应模型。表 6 - 8 为点出度对制造业出口国内增加值率的回归结果，模型（2）至模型（5）为依次加入控制变量的回归结果。

表 6 - 8　　　　　　　点出度对制造业出口国内增加值率的回归检验结果

变量	模型（1）	模型（2）	模型（3）	模型（4）	模型（5）
lnOutdegree	0.011 ** (1.46)	0.014 * (1.67)	- 0.074 *** (- 8.87)	- 0.048 *** (- 6.35)	- 0.044 *** (- 5.87)
lnEX	—	- 0.001 (- 0.69)	- 0.006 *** (- 5.34)	- 0.040 *** (- 13.23)	- 0.039 *** (- 12.95)
lnGDP	—	—	0.076 *** (18.07)	0.120 *** (22.11)	0.114 *** (20.46)
lnFDI	—	—	—	0.039 *** (11.73)	0.037 *** (11.17)
lnSCALE	—	—	—	—	0.052 *** (3.64)
_cons	0.593 *** (33.12)	0.599 *** (28.72)	0.410 *** (20.96)	1.046 *** (18.72)	0.869 *** (11.81)

注：*、**、*** 分别表示统计量在 10%、5%、1% 的水平上显著，括号内为 T 值。
资料来源：根据 Stata 结果整理。

从表 6 - 8 的回归结果来看，Outdegree 对制造业出口国内增加值率的回归系数为正，且通过了 5% 的显著性检验。说明某国向贸易伙伴出口运输服务可以通过逆向技术溢出效应使运输服务竞争力进一步增强，通过成本降低、效率提升与价值创新等作用，促进制造业生产率提升与半成品、零部件等中间产品的出口大幅增加，进而推动制造业出口国内增加值率的不断提升。

EX 对制造业出口国内增加值率的系数为负，但是没有通过显著性检验，说明由于三种行业出口中大量加工贸易的存在，出口商品中包含大量的外国增加值，随着出口规模的扩大，出口国内增加值率会出现为负的情况。

GDP 对制造业出口国内增加值率的回归系数为正，且通过了 1% 的显著性检验，说明 GDP 对制造业出口国内增加值率有显著的正向影响。主要是因为 GDP 是衡量一国经济实力的重要指标，反映了一国在全球价值链的地位和竞争力，所以 GDP 越高，一国越能从全球价值链获取更多的经济利益，加快制造业的转型升级，提高全球价值链的分工地位，促进制造业出口国内增加值率提升。

FDI 对制造业出口国内增加值率的回归系数为正，且通过了 1% 的显著性检验，表明 FDI 对制造业出口国内增加值率有显著的正向影响。FDI 对制造业出口国内增加值率的影响主要有以下两点：首先是为东道国带来先进的技术设备和管理经验，促进制造业提高生产效率和出口国内增加值率；其次外资流入可以解决东道国众多难题，不仅是资金短缺的问题，也可以通过技术外溢与产业关联，带动其他产业发展，提高东道国出口国内增加值率。

SCALE 对制造业出口国内增加值率的影响为正，且通过了 1% 的显著性检验，说明行业规模的扩大能够促进制造业出口国内增加值率提升。一般来说，行业规模的扩大伴随着规模经济的提升，所以一国扩大行业规模有利于促使产品朝着更为标准化和专业化的方向发展，相比其他国家具备更多优势，不仅降低了生产成本，增加了规模收益，还可以提高全球价值链各环节的附加值，进而提高出口国内增加值率。

三、调整样本期检验

为保证结果的准确性与稳定性，本书通过调整样本期检验的方法，将时间区间划分为 2007～2013 年与 2014～2019 年，对比分析点出度对制造业出口国内增加值率的影响。如表 6－9 所示，通过对比回归结果可以发现，不同样本期的正负性与显著性并未发生明显改变，说明回归结果稳健性较好。

表 6－9　　　　　　　　　　　调整样本期检验结果

变量	2007～2019 年	2007～2013 年	2014～2019 年
lnOutdegree	0.011 ** (1.46)	0.0224 ** (2.40)	0.004 * (0.31)

变量	2007～2019 年	2007～2013 年	2014～2019 年
lnEX	−0.001 (−0.69)	−0.003 * (−1.84)	0.002 (0.90)
lnGDP	0.076 *** (18.07)	0.074 *** (12.52)	0.078 *** (12.99)
lnFDI	0.039 *** (11.73)	0.032 *** (7.54)	0.051 *** (9.64)
lnSCALE	0.052 *** (3.64)	0.067 *** (3.45)	0.025 (1.17)

注：* 、** 、*** 分别表示统计量在 10% 、5% 、1% 的水平上显著，括号内为 T 值。
资料来源：根据 Stata 结果整理。

四、分行业回归

在对点出度对制造业出口国内增加值率回归分析的基础上，将制造业分为技术密集型、资本密集型、劳动密集型进行分行业回归，重点探究点出度对不同要素密集型制造业出口国内增加值率的影响及差异性。通过 hausman 检验可知，这三种制造业的 P 值都小于 0.05，因此采用固定效应模型进行分析（如表 6-10 所示）。

表 6-10　　　点出度对制造业分行业出口国内增加值率的回归检验结果

变量	技术密集型	资本密集型	劳动密集型
lnOutdegree	0.031 *** (4.11)	0.009 * (1.09)	0.013 ** (2.09)
lnEX	−0.002 (−1.10)	−0.001 (−0.04)	−0.003 ** (−1.99)
lnGDP	0.064 *** (13.77)	0.083 *** (18.57)	0.071 *** (22.47)
lnFDI	0.050 *** (13.95)	0.033 *** (8.75)	0.030 *** (12.49)

变量	技术密集型	资本密集型	劳动密集型
lnSCALE	0.048 *** (3.10)	0.110 *** (6.32)	0.053 *** (4.13)
_cons	1.020 *** (12.96)	0.551 *** (6.81)	0.822 *** (15.62)

注：*、**、*** 分别表示统计量在10%、5%、1%的水平上显著，括号内为 T 值。
资料来源：根据 Stata 结果整理。

从表6-10可以看出，Outdegree 对不同要素密集型制造业出口国内增加值率的影响呈现显著的行业差异，但是点出度对三种行业的出口国内增加值率均为正向影响，不同的是技术密集型行业通过了1%的显著性检验，劳动密集型行业通过了5%的显著性检验，而资本密集型行业通过了10%的显著性检验。通过对比回归系数，得到点出度对于技术密集型行业出口国内增加值率的提升作用更加明显，其次是劳动密集型行业。主要原因可能是技术密集型行业分工程度更加细化，需要高效与更高质量的运输服务，促进价值链的有效运转，所以对技术密集型行业的影响最大。

EX 对三种行业的出口国内增加值率的回归系数均为负。与点入度的回归情况类似，这可能也是由于三种行业出口中大量加工贸易的存在导致的，出口商品中包含大量的外国增加值，随着出口规模的扩大，出口国内增加值率不断降低。

GDP 对三种行业的回归系数全部为正，且都通过了1%的显著性检验，说明 GDP 对这三者的制造业出口国内增加值率都有正向影响，对资本密集型行业的出口国内增加值率影响最大。主要是因为经济发展水平较高的国家，其资本密集型行业的工艺流程体系比其他国家更为先进，容易提高企业生产效率和全球价值链分工地位，所以对资本密集型行业的影响最大。

FDI 对三种行业的回归系数均为正，且全部通过了1%的显著性检验。从回归系数来看，外资流入对于技术密集型行业的影响最大，主要还是归因于技术流入可以给东道国带来先进的技术和管理经验，提升技术质量，同时利用技术溢出效应带动技术密集型行业及相关行业的协同发展。总体来看，技术溢出均会对三类行业的出口国内增加值率产生正向影响。

SCALE 对三类行业的出口国内增加值率均呈显著的正向影响，且都通过了 1% 的显著性检验，其中行业规模对资本密集型行业的影响最大，主要因为资本密集型行业工艺流程较为专业和先进，能够实现产品的标准化和专业化，受到国内外双重规模经济的影响，实现了更为理想的规模经济效益。因此随着行业规模的扩大，资本密集型行业出口国内增加值率提升效果最显著。

五、分运输贸易网络回归

前文分析了总运输贸易网络的点出度对制造业总体及分行业出口国内增加值率的影响，在此基础上，本部分继续研究分运输贸易网络的点出度对制造业总体出口国内增加值率的影响。为了对回归结果进行更直观清晰的对比，将重点展示解释变量与被解释变量的数据，对控制变量的实证检验结果不再解释说明。

根据表 6 – 11 可知，分运输贸易网络的点出度对制造业出口国内增加值率的影响呈现出明显的行业差异。四种运输方式的点出度都对制造业出口国内增加值率产生正向影响。空运没有通过显著性检验；陆运回归系数最大，且通过了 1% 的显著性检验；其他运输系数其次，通过了 1% 的显著性检验。说明在所有的运输方式中，陆运的点出度对制造业出口国内增加值率的影响最大，其次为其他运输。主要因为陆运贸易网络中的区域性特征更加明显，地缘上的接近可以使各国制造业之间形成较为稳固的贸易关系，通过出口运输服务，可以通过逆向技术溢出促进制造业生产率提升以及出口国内增加值率的提升。空运的点出度虽为正但是不显著，可能是因为出口运输服务虽然对制造业出口国内增加值率有提升作用，但是空运的成本相对较高，所以对制造业出口国内增加值率的影响效果不够显著。

表 6 – 11 　　　　　　　　　分运输贸易网络点出度对制造业出口
国内增加值率的回归检验结果

变量	模型（1）	模型（2）	模型（3）	模型（4）	模型（5）
lnOutdegree1	0. 014 ** (2. 56)	0. 013 ** (2. 32)	− 0. 022 *** (− 4. 43)	− 0. 022 *** (− 5. 01)	− 0. 010 * (− 1. 94)
lnOutdegree2	0. 046 *** (6. 55)	0. 045 *** (6. 22)	0. 012 * (1. 67)	0. 010 * (1. 75)	0. 003 (0. 42)
lnOutdegree3	0. 008 (1. 19)	0. 012 (1. 53)	− 0. 064 *** (− 8. 15)	− 0. 040 *** (− 5. 62)	− 0. 029 *** (− 4. 04)
lnOutdegree4	0. 037 *** (5. 37)	0. 038 *** (5. 39)	− 0. 009 (− 1. 20)	− 0. 007 (− 0. 99)	− 0. 006 (− 0. 92)

注：*、**、*** 分别表示统计量在 10%、5%、1% 的水平上显著，括号内为 T 值。
资料来源：根据 Stata 结果整理。

六、分项增加值率回归

表 6 – 12 为总运输贸易网络的点出度对传统贸易出口国内增加值率、简单价值链出口国内增加值率、复杂价值链出口国内增加值率、全球价值链出口国内增加值率以及国外增加值率的回归检验结果。

表 6 – 12 　　　　　　点出度对其他五种增加值率的回归检验结果

变量	模型（1）	模型（2）	模型（3）	模型（4）	模型（5）
	传统				
lnOutdegree1	− 0. 002 (− 0. 50)	− 0. 014 *** (− 3. 06)	− 0. 054 *** (− 11. 20)	− 0. 041 *** (− 9. 14)	− 0. 043 *** (− 9. 47)
	简单				
lnOutdegree2	0. 001 (0. 38)	0. 009 ** (2. 29)	− 0. 025 *** (− 5. 91)	− 0. 018 *** (− 4. 10)	− 0. 016 *** (− 3. 62)
	复杂				
lnOutdegree3	0. 012 *** (2. 23)	0. 019 *** (3. 18)	0. 005 (1. 26)	0. 011 *** (3. 01)	0. 014 *** (3. 01)

续表

变量	模型 (1)	模型 (2)	模型 (3)	模型 (4)	模型 (5)
	全球				
lnOutdegree4	0.013 ** (2.24)	0.028 *** (4.34)	−0.021 *** (−2.86)	−0.007 (−0.91)	−0.001 (−0.17)
	FVAR				
lnOutdegree5	−0.013 *** (−2.59)	−0.020 *** (−3.31)	0.037 *** (6.12)	0.019 *** (3.37)	0.015 *** (2.79)

注：*、**、*** 分别表示统计量在 10%、5%、1% 的水平上显著，括号内为 T 值。
资料来源：根据 Stata 结果整理。

由表 6-12 可知，点出度对传统贸易出口国内增加值率具有不显著的负向影响，但是对三种价值链出口国内增加值率都是正向影响，且点出度对复杂价值链和全球价值链出口国内增加值率的影响都通过了显著性检验。同样，点出度对国外增加值率为显著的负向影响，说明点出度对出口国内增加值率呈正向影响。具体来看，点出度对全球价值链出口国内增加值率的促进作用最大，对复杂价值链出口国内增加值率的影响大于简单价值链，可能由于运输服务中心性特征提高对复杂价值链出口国内增加值率提升的边际影响更大导致。

综上所述，本章通过构建计量模型，从需求与供给角度（点入度与点出度）出发，对制造业总体及分行业出口国内增加值率的影响进行实证分析。然后进行分运输网络样本检验，分析对比海运、陆运、空运和其他运输贸易网络的点入度、点出度特征对制造业总体出口国内增加值率的影响，最后再进行分项增加值率回归检验，分析对比总运输的点入度、点出度特征对传统贸易出口国内增加值率、简单价值链出口国内增加值率、复杂价值链出口国内增加值率、全球价值链出口国内增加值率以及国外增加值率的影响。

实证结果如表 6-13 所示。

表 6－13　　　　　　　　　　　　　　实证分析结果汇总

点入度	制造业总体	传统（显著正）	简单（显著正）	复杂（显著正）	全球（显著正）	DVAR（显著正）
	技术密集型	DVAR（显著正）				
	资本密集型	DVAR（显著正）				
	劳动密集型	DVAR（显著正）				
点出度	制造业总体	传统（不显著负）	简单（不显著正）	复杂（显著正）	全球（显著正）	DVAR（显著正）
	技术密集型	DVAR（显著正）				
	资本密集型	DVAR（显著正）				
	劳动密集型	DVAR（显著正）				
分样本	总运输点入度	DVAR（显著正）				
	海运点入度	DVAR（不显著正）				
	陆运点入度	DVAR（显著正）				
	空运点入度	DVAR（不显著正）				
	其他运输点入度	DVAR（显著正）				
分样本	总运输点出度	DVAR（显著正）				
	海运点出度	DVAR（显著正）				
	陆运点出度	DVAR（显著正）				
	空运点出度	DVAR（不显著正）				
	其他运输点出度	DVAR（显著正）				

资料来源：笔者自绘。

就制造业总体而言，点入度与点出度均会对制造业出口国内增加值率产生正向影响，但是影响程度有所不同。

就制造业分行业而言，点入度与点出度均会对技术密集型、资本密集型、劳动密集型行业的出口国内增加值率产生正向影响，但是具体来看又有所差异，点入度与点出度对技术密集型行业出口国内增加值率的影响最大且均通过1%的显著性检验。通过对比回归系数，得出点出度对劳动密集型行业的影响大于对资本密集型行业的影响，而点入度对资本密集型行业出口国内增加值率的影响大于对劳动力密集型行业的影响。

陆运贸易网络点入度和点出度对制造业总体出口国内增加值率的提升效果最显著；总运输贸易网络的点入度与点出度均对全球价值链出口国内增加值率呈显著正向影响，对复杂价值链出口国内增加值率影响更大。

第七章

研究结论与对策建议

本章在对前文现状分析、理论分析和实证分析的基础上，概括总结研究结论，提出通过提高我国运输贸易网络中心性特征来提升制造业出口国内增加值率的对策建议。

第一节
研 究 结 论

本书基于全球经济一体化和国际生产分散化下物流服务与制造业融合发展及我国制造业亟待高质量发展的背景，从国际运输贸易网络特征与制造业出口国内增加值率的发展现状出发，提出国际运输贸易网络特征对制造业及分行业出口国内增加值率影响的理论机制，从供给和需求两个角度出发，以点入度、点出度和制造业出口国内增加值率为核心变量构建面板数据，就点入度和点出度对制造业出口国内增加值率的影响进行实证分析，得出的结论如下。

一、国际运输贸易网络特征现状

从国际运输贸易网络整体特征来看，国际运输贸易网络的"核心－边缘"

现象明显，核心国家和边缘国家在数量分布上具有稳定态势，整体网络密度稳步上升，总运输与分运输贸易网络的子群划分都具有明显的区域特征，"小团体"现象明显。

从国际运输贸易网络的中心性特征来看，通过对总运输贸易网络中心性、海运贸易网络中心性、陆运贸易网络中心性、空运贸易网络中心性以及其他运输贸易网络中心性特征的分析发现，2007～2019年的运输贸易网络格局基本稳定，但是德国和美国在运输贸易网络中，不管是出口网还是进口网均拥有绝对优势，德国的领先优势更加突出。对于中国来说，虽然在运输贸易网络中扮演着重要角色，地位和影响力在逐渐上升，但是与美国和德国等发达国家相比仍然存在一定的差距。

二、制造业出口国内增加值率的现状

从全球总体层面出口国内增加值率的变化来看，制造业总体出口国内增加值率呈下降趋势，主要是由传统贸易和简单价值链出口国内增加值率下降导致，技术密集型行业出口国内增加值率变化不大，但是资本和劳动密集型行业出口国内增加值率呈下降趋势，主要是因为简单价值链出口国内增加值率逐年下降，其中劳动密集型行业出口国内增加值率下降的另一原因是其传统贸易增加值率也在下降。

从增加值率组成结构来看，美国的制造业出口国内增加值率常年保持领先地位，主要得益于简单价值链出口国内增加值率和复杂价值链出口国内增加值率带来的显著优势；中国的制造业除了传统贸易出口国内增加值率保持绝对优势以外，复杂价值链出口国内增加值率有着明显的上升趋势；日本的制造业出口国内增加值率呈先降后升的趋势，近年传统贸易、简单价值链出口国内增加值率和复杂价值链出口国内增加值率均有所上升；德国的制造业出口国内增加值率则随着传统贸易、简单价值链出口国内增加值率和复杂价值链出口国内增加值率的下降而下降。另外，近年来日本的技术密集型行业出口国内增加值率得益于传统贸易和复杂价值链出口国内增加值率的提升，位于世界第一；中国的资本密集型行业出口国内增加值率得益于传统贸易和复杂价值链出口国内增加值率都上升，领先于其他国家。从行业角度来看，中国制造业总体出口国内增加值率的提高主要是因为三种制造业出口国内增加值率都显著提高且劳动密集型行业的出口国内增加值率最大；美国制造业总体出口国内增加值率稳中有降，主要是因为三种行业的出口国内增加值率均有略微下降趋势，劳动密集型行业的出口国内增加值率仍最大；德国制造业总体出口国内增加值率显著下降，主要是三种行业的出口国内增加值率均显著下降导致的，其中资本密集型行业出口国内增加值率下降最快；日本的制造业总体出口国内增加值率先降后升，也是因为三种行业出口国内增加值率呈先降后升的趋势。

三、国际运输贸易网络特征对制造业出口国内增加值率影响的机理分析

运输贸易可以从三个方面影响制造业出口国内增加值率，分别为成本节约效应、效率提升效应和价值创新效应。随着物流运输服务数字化、精细化与高级化供给能力的明显增强，主要制造业领域物流运输成本不断下降，促进了制造业与物流运输业的有机融合与联动发展，制造业供应链发展水平大幅提升；物流运输设施质量改善、物流运输体系建设完善等有助于制造业生产效率的提升；高效物流或智慧物流的发展可以促进制造业的价值创新，促进精益制造和定制化生产发展，从而提升制造业出口国内增加值率。

运输贸易网络中心性特征可以从正向技术溢出和逆向技术溢出两方面提升制造业出口国内增加值率。正向技术溢出（需求角度）表现为通过向国外进口运输服务，促进国内外运输服务的竞争，提升国内运输服务的创新能力，国内外最优质的运输服务会协同向制造业渗透；逆向技术溢出（供给角度）表现为通过向其他国家出口运输服务，学习先进的技术和管理经验，反哺国内运输服务业，再通过成本降低、效率提升与价值创新等作用促进制造业出口国内增加值率提升。

由于不同行业分工细化程度以及对物流运输的需求不同，运输贸易网络中心性特征对不同行业出口国内增加值率的影响具有差异性。

四、国际运输贸易网络特征对制造业出口国内增加值率影响的实证分析

从国际运输贸易网络特征对制造业总体出口国内增加值率的影响来看，点入度与点出度均会对制造业总体出口国内增加值率提升产生显著的正向影响，但是影响程度有所不同。

从国际运输贸易网络特征对制造业分行业出口国内增加值率的影响来看，点入度与点出度均会对技术密集型、资本密集型、劳动密集型行业的出口国内增加值率产生正向影响，且点入度与点出度对技术密集型行业出口国内增加值率的影响最大。此外，点出度对劳动密集型行业的影响大于对资本密集型行业的影响，而点入度对资本密集型行业出口国内增加值率的影响大于对劳动密集型行业的影响。

从分运输贸易网络特征对制造业总体出口国内增加值率的影响来看，陆运贸易网络点入度与点出度对制造业总体出口国内增加值率的提升效果最显著。

从总运输贸易网络特征对制造业总体分项增加值率的影响来看，总运输贸易网络的点入度与点出度均对制造业全球价值链出口国内增加值率呈显著正向影响，对复杂价值链出口国内增加值率影响更大。

第二节

对 策 建 议

在当前经济发展新形势下，我国全面推进"一带一路"与"中国制造2025"，制造业高质量发展已到了关键时期。随着制造业服务化程度日益提高，物流服务为制造业在全球价值链各环节的顺利运转提供了不竭动力。要提升我国制造业出口国内增加值率，就要抓住工业4.0的机遇，在提高物流运输竞争力的同时，推动制造业高质量发展。为此，本书提出以下对策建议。

一、完善物流基础设施建设，提升运输贸易网络核心地位

基础设施建设通常决定了物流节点国家的交通可达性，是国与国之间物流沟通的必要条件。推动中国与其他国家的基础设施建设有利于减少在国际贸易中的运输成本，增加双方中间产品和最终产品的贸易额，提升物流贸易网络的核心地位。一方面，要加强基础设施硬件建设，运用新技术改造升级运输网络，使之向智能化、现代化的高效运输网络转变；另一方面，加强物流基础设施建设需要政府加大资金投入和设施设备跟进，大力推动物流枢纽城市配套建设，统筹做好物流基础设施规划布局，为促进资源集聚和资源共享做好前期基础工作，为制造业高质量集群化发展提供条件支持。同时，要全面发展高品质、个性化定制物流，为制造业提供库存管理、物流快速通道等一系列解决方案，增强我国制造业的柔性制造能力。

二、打造现代化国际物流体系，加快推动物流运输业对外开放

在国际物流运输贸易竞争不断加剧的今天，美国、日本和德国等发达国家在运输企业竞争中具有独特优势，中国应加快推动物流运输对外开放水平，增进中国与美国、德国和日本等国家的贸易合作，全面提升中国运输服务业的国际化水平。为推动国际物流的发展，要加强顶层设计，改造线下物流发展模式，打造现代化国际物流体系，使国内外物流运输通道畅通无阻。加强航空运输、海运陆运、中欧班列等国际干线物流通道以及物流枢纽、制造业园区的协同联动，培育与我国制造业相适应的骨干运输业的运输服务能力，鼓励骨干制造业与物流企业展开深度合作，开辟国际市场，打造安全可靠的国际物流运输体系，推动物流运输业对外开放度提升，促进制造业国际竞争力不断提高。

三、引导外商直接投资，提高进出口运输服务质量

改革开放以来，中国的对外运输服务贸易取得了一定的进展，随着经济

全球化和改革开放的深入，外商直接投资流入中国，显著促进了物流运输业的发展。由于外资的引进给中国带来了充足的资金和先进的技术和管理经验，一定程度上解决了国内资金不足等一系列难题。由于中国本身的劳动力资源较为丰富，在技术和资本密集型产业的发展上与发达国家有着一定的差距，所以应该积极鼓励支持和引导外资流入技术和资本密集型行业，特别是高新技术产业。此外，在引进外商直接投资时，要注重提高投资企业的质量，多引进技术水平先进、规模大和管理水平高的企业，这不仅能够提高我国外资质量水平，还能对国内关联企业的管理和技术水平提升产生积极的影响。充分利用运输服务外商直接投资技术溢出效应，促进其与国内运输业竞争，促进国内运输企业竞争力和创新能力的提高。同时，要推出鼓励外资流入的优惠和支持政策，营造国内宽松的投资环境，鼓励更高效的运输企业来中国投资，逐步改善我国出口运输服务质量。

四、推动数字物流建设，促进物流业制造业深度融合创新

随着信息化、网络化、数字化的不断推进，制造业价值链中各环节与互联网融合日益加深，要推进数字物流建设，普及互联网在物流业的使用，推广基于物联网、云计算等智慧物流技术装备，建设物流互联网平台，及时采集上下游环节信息，推动制造业和物流一体化运作水平。注重信息资源共享平台的建设，支持第三方物流信息平台的建设和发展，通过专业且高效的信息传输能力及时向制造业提供准确的物流信息服务，使国内制造业在降本增效的目标上比其他国家更具优势。同时，在物流现代化建设中要加快引进区块链的步伐，对物流业加快智能改造升级，普及新型技术设备的使用，如智能机器人，机器自动化等。最后，5G 时代的来临也迫切要求物流运输业紧跟时代，抓住发展机遇。

五、综合采取多种措施，有序推动不同行业出口国内增加值率提升

我国目前行业结构不够合理，具体表现为制造业的发展主要集中在劳动

密集型行业，技术密集型行业相对占比不高，而运输贸易网络特征对技术密集型行业影响最大，这也是我国制造业产业结构升级和提高全球价值链地位的难点所在。因此，我国应积极调整产业政策和扶持重心，综合采取多种措施加大对技术密集型行业的扶持力度，制定相关的技术、资本、人才引进等扶持政策，从根本上为制造业出口国内增加值率的提升提供动力。同时，由于我国劳动密集型行业的出口国内增加值率在制造业总体出口国内增加值率中占主要地位，但是运输贸易网络特征对劳动密集型行业的影响不是最显著的，所以应提高劳动密集型行业的发展质量和效率，加大结构调整力度，转变原始发展模式，注入新的发展力量，维护好制造业出口国内增加值率提升的基础动力。此外，要协调好资本密集型行业的创新与发展，提高其原始创新效率和能力，有效发挥竞争优势，促进我国全球价值链分工地位及制造业出口国内增加值率提升。

参 考 文 献

［1］陈丽娴. 全球生产服务贸易网络特征及其对全球价值链分工地位的影响——基于社会网络分析的视角［J］. 对外经济贸易大学学报，2017（4）.

［2］郑休休，赵忠秀. 生产性服务中间投入对制造业出口的影响——基于全球价值链视角［J］. 国际贸易问题，2018（8）.

［3］董千里，杨磊，常向华. 基于国际中转枢纽港战略理论的中欧班列集成运作研究［J］. 科技管理研究，2016，36（22）.

［4］董宇，杨晶晶. 物流发展对出口技术复杂度的影响——基于我国省际面板数据的研究［J］. 国际商务，2016（2）.

［5］樊秀峰，程文先. 中国制造业出口附加值估算与影响机制分析［J］. 中国工业经济，2015（6）.

［6］范子杰. 全球生产网络下国际生产分割新测度及地域特征研究［D］. 长沙：湖南大学，2017.

［7］文思涵. 中欧班列国际物流运输网络优化研究［D］. 重庆：重庆工商大学，2019.

［8］高敬峰，王庭东. 中国参与全球价值链的区域特征分析——基于垂直专业化分工的视角［J］. 世界经济研究，2017（4）.

［9］高翔，黄建忠，袁凯华. 价值链嵌入位置与出口国内增加值率［J］. 数量经济技术经济研究，2019（6）.

［10］葛阳琴，谢建国. 全球化还是区域化——中国制造业全球价值链分工及演变［J］. 国际经贸探索，2017（1）.

［11］耿勇，鞠颂东，陈娅娜. 基于 BP 神经网络的物流需求分析与预测［J］. 物流技术，2007（7）.

［12］顾国达，周蕾. 全球价值链角度下我国生产性服务贸易的发展水平研究——基于投入产出方法［J］. 国际贸易问题，2010（5）.

［13］郭晓燕. 考虑多种因素的中欧集装箱多式联运路径选择研究［D］. 郑州：郑州大学，2017.

［14］江希，刘似臣. 中国制造业出口增加值及影响因素的实证研究——以中美贸易为例［J］. 国际贸易问题，2014（11）.

［15］黎峰. 全球生产网络下的国际分工地位与贸易收益——基于主要出口国家的行业数据分析［J］. 国际贸易问题，2015（6）.

［16］李胜旗，毛其淋. 制造业上游垄断与企业出口国内附加值——来自中国的经验证据［J］. 中国工业经济，2017（3）.

［17］李小帆，马弘. 服务业 FDI 管制与出口国内增加值：来自跨国面板的证据［J］. 世界经济，2019（5）.

［18］李昕，贸易总额与贸易差额的增加值统计研究［J］. 统计研究，2012，29（10）.

［19］廖涵，谢靖，范斐. 基于出口增加值的中国制造业比较优势研究［J］. 宏观经济研究，2016（10）.

［20］廖泽芳，李婷. 外贸结构、技术复杂度与中国附加值出口竞争力［J］. 当代经济科学，2017，39（3）.

［21］梁红艳，王健. 物流业发展对制造业效率的影响——基于地区和行业面板数据的分析［J］. 中国流通经济，2012，26（2）.

［22］林梦瑶，张中元. 物流设施质量对中国参与全球价值链的影响［J］. 经济评论，2019（2）.

［23］刘斌，魏倩，吕越，祝坤福. 制造业服务化与价值链升级［J］. 经济研究，2016（3）.

［24］刘海云，毛海鸥. 制造业 OFDI 对出口增加值的影响［J］. 中国工业经济，2016（7）.

［25］刘建. 基于社会网络的国际原油贸易格局演化研究［J］. 国际贸易

问题，2013（12）．

[26] 刘军．社会网络分析导论 [M]．北京：社会科学文献出版社，2002．

[27] 刘洪槐，张定胜，邹恒甫．新兴市场与全球价值链——基于增加值贸易的视角 [J]．中央财经大学学报，2015（12）．

[28] 刘全宝，段文奇，季建华．权重国际贸易网络的结构分析 [J]．上海交通大学学报，2007（12）．

[29] 刘莹．贸易便利化对中国制造业出口的国内增加值影响研究——以"一带一路"沿线国家为例 [D]．大连：大连海事大学，2020．

[30] 马丹，何雅兴，张婧怡．技术差距、中间产品内向化与出口国内增加值份额变动 [J]．中国工业经济，2019（9）．

[31] 马述忠，张洪胜．集群商业信用与企业出口——对中国出口扩张奇迹的一种解释 [J]．经济研究，2017（1）．

[32] 倪红福．全球价值链中产业"微笑曲线"存在吗？——基于增加值平均传递步长方法 [J]．数量经济技术经济研究，2016（11）．

[33] 彭冬冬，杜运苏．中间品贸易自由化与出口贸易附加值 [J]．中南财经政法大学学报，2016（6）．

[34] 阮氏燕（Nguyen Thi Yen）．东盟物流网络空间布局方法及优化研究 [D]．成都：西南交通大学，2019．

[35] 芮宝娟．"互联网＋"智慧物流运营模式创新发展研究 [J]．时代经贸，2021，18（2）．

[36] 邵昱琛，熊琴，马野青．地区金融发展，融资约束与企业出口的国内附加值率 [J]．国际贸易问题，2017（9）．

[37] 师少华．中间品贸易自由化对出口贸易附加值的影响机制研究 [J]．价格月刊，2017（9）．

[38] 孙爱军．G20国家间贸易网络特征研究 [J]．河海大学学报（哲学社会科学版），2019，21（1）．

[39] 孙刚．以智慧物流构建多式联运网络 [J]．中国物流与采纳，2020（23）．

［40］唐建荣，薛锐，曹玲玉．长三角物流网络动态联系与不平衡演进——基于社会网络视角［J］．华东经济管理，2021（3）．

［41］唐宜红，张鹏杨．FDI、全球价值链嵌入与出口国内附加值［J］．统计研究，2017（4）．

［42］童伟伟，张建民．中国对美出口的国内外价值含量分解研究［J］．国际贸易问题，2013（5）．

［43］王东方，董千里，陈艳，孙茂鹏．中欧班列节点城市物流网络结构分析［J］．长江流域资源与环境，2018，27（1）．

［44］王玲，刘维林，陈华倩，车宇轩．交通强国战略下我国运输服务贸易的网络地位评估与提升策略——基于全球价值链视角［J］．软科学，2021，35（3）．

［45］王曼．外商直接投资对中国制造业出口贸易国内增加值的影响研究［D］．长沙：湖南大学，2015．

［46］王永进，黄青．交通基础设施质量、时间敏感度和出口绩效［J］．财经研究，2017（10）．

［47］王直，魏尚进，祝坤福．总贸易核算法：官方贸易统计与全球价值链的度量［J］．中国社会科学，2015（9）．

［48］王之泰．新编现代物流学［M］．北京：首都经济贸易大学出版社，2005．

［49］韦倩青．中国—东盟工业制成品贸易的贸易附加值及其影响因素分析［J］．经济问题探索，2013（9）．

［50］卫瑞，庄宗明．生产国际化与中国就业波动——基于贸易自由化和外包视角［J］．世界经济，2015，38（1）．

［51］魏悦羚，张洪胜．进口自由化会提升中国出口国内增加值率吗——基于总出口核算框架的重新估计［J］．中国工业经济，2019（3）．

［52］邬佩琳．国际稀土贸易格局的社会网络分析［J］．价格月刊，2014（5）．

［53］吴雯宇．智慧物流背景下枢纽城市物流综合服务能力影响因素研究［D］．合肥：安徽大学，2020．

[54] 许和连，成丽红，孙天阳. 制造业投入服务化对企业出口国内增加值的提升效应——基于中国制造业微观企业的经验研究 [J]. 中国工业经济，2017 (10).

[55] 许欣，徐晓玉，韩珠林. 全球生产性服务贸易网络特征及其影响因素研究——基于社会网络分析法 [J]. 价格理论与实践，2020 (3).

[56] 闫云凤. 中国被锁定在全球价值链低端了吗？——中美 GVC 位置与价值获取程度的比较 [J]. 西安交通大学学报（社会科学版），2015，39 (2).

[57] 姚星，梅鹤轩，蒲岳. 国际服务贸易网络的结构特征及演化研究——基于全球价值链视角 [J]. 国际贸易问题，2019 (4).

[58] 叶燕程，朱道立，王晓蕾. 中欧铁路货运集拼模式研究 [J]. 上海管理科学，2014，36 (6).

[59] 袁明慧. 生产性服务业对我国制造业 GVC 地位影响 [D]. 天津：天津财经大学，2018.

[60] 张春博，丁堃，刘则渊，马翔. 国际航空航天产品贸易格局（2002~2012 年）实证研究基于社会网络分析的视角 [J]. 科技管理研究，2015 (13).

[61] 张红霞，王悦. 生产性服务贸易发展与中国制造业全球价值链地位提升——基于 15 个细分行业的异质性检验 [J]. 产业经济评论，2019，18 (2).

[62] 张杰，陈志远，刘元春. 中国出口国内附加值的测算与变化机制 [J]. 经济研究，2013，48 (10).

[63] 张咏华. 中国制造业增加值出口与中美贸易失衡 [J]. 财经研究，2013 (2).

[64] 张咏华. 中国制造业在国际垂直专业化分工体系中的地位 [D]. 天津：南开大学，2013.

[65] 张宏，叶丽，杜学知. 国际分工演变对提升中国生产性服务贸易竞争力的影响 [J]. 亚太经济，2015 (5).

[66] 张中元. 基础设施互联互通对出口经济体参与全球价值链的影响 [J]. 经济理论与经济管理，2019 (10).

［67］郑丹青，于津平．中国出口贸易增加值的微观核算及影响因素研究［J］．国际贸易问题，2014（8）．

［68］郑强．一带一路背景下厦门—东盟集装箱航线网络优化研究［D］．厦门：集美大学，2017．

［69］种照辉，覃成林．"一带一路"贸易网络结构及其影响因素——基于网络分析方法的研究［J］．国际经贸探索，2017，33（5）．

［70］邹嘉龄，刘卫东．2001～2013年中国与"一带一路"沿线国家贸易网络分析［J］．地理科学，2016，36（11）．

［71］诸竹君，黄先海，余骁．进口中间品质量、自主创新与企业出口国内增加值率［J］．中国工业经济，2018（8）．

［72］Antràs P，Staiger R W. Trade agreements and the nature of price determination［J］. American Economic Review，2012，102（3）.

［73］Bontekoning Y M，Macharis C，Trip J J. Is a new applied transportation research field emerging？ A review of intermodal rail-truck freight transport literature［J］. Transportation research part A：Policy and practice，2004，38（1）.

［74］Borin A，Mancini M. Measuring what matters in global value chains and value-added trade［R］. World Bank policy research working paper，No. 8804，2019.

［75］Chen H，Kondratowicz M，Yi K M. Vertical specialization and three facts about U. S. international trade［J］. The North American Journal of Economics and Finance，2005，16（1）.

［76］Chiou S W. A fast polynomial time algorithm for logistics network flows［J］. Applied Mathematics & Computation，2008，199（1）.

［77］Daudin G，Rifflart C，Schweiscuth D. Who produces for whom in the world economy？［J］. Canadian Journal of Economics/Revue Canadienne Deconomique，2009，44（4）.

［78］De Benedictis L，Tajoli L. Similarity in trade structures，integration and catching-up［J］. Economics of Transition，2008，16（2）.

［79］Dean J M，Fung K C，Wang Z. Measuring vertical specialization：The case of China [J]. Review of International Economics, 2011, 19 (4).

[80] Dietzenbacher E, Los B, Stehrer R, et al. The construction of world input-output tables in the WIOD project [J]. Economic Systems Research, 2013, 25 (1).

[81] Egger H. Outsourcing and skill-specific employment in a small economy: Austria after the fall of the Iron Curtain [J]. Oxford Economic Papers, 2003, 55 (4).

[82] Escaith H, Inomata S. Geometry of global value chains in East Asia: The role of industrial networks and trade policies [C]. Elms D K, Low P. Global Value Chains in a Changing World. Fung Global Institute (FGI), Nanyang Technological University (NTU) and World Trade Organization (WTO), 2013.

[83] Fagiolo G, Reyes J, Schiavo S. World-trade web: Topological properties, dynamics and evolution [J]. Physical Review E, 2009, 79 (3).

[84] Fally T. Data on the fragmentation of production in the US [J]. University of Colorado, Boulder, Manuscript. 2012.

[85] Feenstra R C, Hanson G H. Globalization, outsourcing, and wage inequality [R]. National Bureau of Economic Research, 1996.

[86] Feenstra R C, Hanson G H. The impact of outsourcing and high-technology capital on wages: Estimates for the United States, 1979-1990 [J]. The Quarterly Journal of Economics, 1999, 114 (3).

[87] Gomi K, Shimada K, Matsuoka Y. A low-carbon scenario creation method for a local-scale economy and its application in Kyoto city [J]. Energy policy, 2010, 38 (9).

[88] Hummels D, Ishii J, Yi K. The nature and growth of vertical specialization in world trade [J]. Journal of International Economics, 2001, 54 (1).

[89] Hummels D L, Schaur G. Time as a trade barrier [J]. American Economic Review, 2013, 103 (7).

[90] Inomata S. A new measurement for international fragmentation of the production process [J]. IDE Paper, No. 175, 2008.

［91］ Johnson R C, Noguera G. Accounting for intermediates: Production sharing and trade in value added ［J］. Journal of International Economics, 2012, 86 (2).

［92］ Johnson R C, Noguera G. Proximity and production fragmentation ［J］. American Economic Review, 2012, 102 (3).

［93］ Ju J, Yu X. Productivity, profitability, production and export structures along the value chain in China ［J］. Journal of Comparative Economics, 2015, 43 (1).

［94］ Kee H L, Neagu C, Nicita A. Is protectionism on the rise? Assessing national trade policies during the crisis of 2008 ［J］. Review of Economics and Statistics, 2013, 95 (1).

［95］ Kee H L, Tang H. Domestic value added in exports: Theory and firm evidence from China ［J］. American Economic Review, 2016, 106 (6).

［96］ Koopman R, Powers W, Wang Z. Give credit where credit is due: Tracing value added in global production chains ［R］. NBER Working Papers, 2010.

［97］ Koopman R, Wang Z, Wei S J. How much of Chinese exports is really made in China? Assessing domestic value-added when processing trade is pervasive ［R］. National Bureau of Economic Research, 2008.

［98］ Koopman R, Wang Z and Wei S J. Tracing value-added and double counting in gross exports ［J］. American Economic Review, 2014, 104 (2).

［99］ Limo N, Venables A J. Infrastructure, geographical disadvantage and transport costs ［J］. The World Bank Economic Review, 2001, 15 (3).

［100］ Lozano A, Storchi G. Shortest viable path algorithm in multimodal networks ［J］. Transportation Research Part A: Policy and Practice, 2001, 35 (3).

［101］ Nijkamp P, Song D W. An application of the hierarchical fuzzy process to contain export competition ［J］. Policy and strategic implications Transportation, 2004, 43 (33).

［102］ Siddhartha S, Gray R. A logistics and supply management approach to port performance measurement [J]. Maritime Policy & Management, 2002, 31 (1).

[103] Upward R, Wang Z, Zheng J. Weighing China's export basket: The domestic content and technology intensity of Chinese exports [J]. Journal of Comparative Economics, 2013, 41 (2).

[104] Valverde P B. The importance of port logistics on the cost of transport and stowage at ports [J]. Cahiers Options Mediterraneennes, 1997 (26).

[105] Vandermerwe S, Rada J. Vandermerwe, Rada. Servitization of Business: Adding Value by Adding Services [J]. European Management Journal, 1988 (6).

[106] Wang Z, Wei S J, Zhu K F. Quantifying international production sharing at the bilateral and sector levels [R]. Social Science Electronic Publishing, 2018.

[107] Wang Z, Wei S J, Zhu K F. Quantifying international production sharing at the bilateral and sector levels [R]. National Bureau of Economic Research, 2013.

[108] Wang Z, Wei S J, Yu X, et al. Characterizing global value chains: Production length and upstreamness [R]. NBER Working Paper, No. 23261, 2017.

[109] Xiao H, Meng B, Ye J, et al. Are global value chains truly global? [J]. Economic Systems Research, 2020, 32 (4).

[110] Zhong Y, Cole M H. A vehicle routing problem with backhauls and time windows: A guided local search solution [J]. Transportation Research Part E: Logistics and Transportation Review, 2005, 41 (2).